Manfred Martin

UND GOTT SCHAUT NUR ZU?

DIE ANTWORT DER BIBEL
AUF DAS BÖSE, DAS ÜBEL UND DAS LEID

ES FÄLLT KEIN SPERLING
VOM HIMMEL OHNE GOTT.
(MT 10,29)

MANFRED MARTIN

UND GOTT SCHAUT NUR ZU?

DIE ANTWORT DER BIBEL
AUF DAS BÖSE, DAS ÜBEL UND DAS LEID

Manfred Martin
UND GOTT SCHAUT NUR ZU?
Die Antwort der Bibel auf das Böse, das Übel und das Leid

Bestell-Nr. 271 415
ISBN 978-3-86353-415-8
Christliche Verlagsgesellschaft Dillenburg

Bestell-Nr. 180073
ISBN: 978-3-85810-349-9
Verlag Mitternachtsruf, www.mnr.ch

1. Auflage

www.cv-dillenburg.de
Satz und Umschlaggestaltung: Christliche Verlagsgesellschaft Dillenburg
Umschlagmotiv: © Shutterstock.com/corlaffra
Bilder im Innenteil: Person: © Shutterstock.com/majivecka;
Weltkugel: © Shutterstock.com/vectorplus;
Kreuz: © Shutterstock.com/SyzSV; Wetter: © Shutterstock.com/popcic

Druck: GGP Media GmbH, Pößneck
Printed in Germany

INHALT

Eine Mercedes C-Klasse fährt auf einer unbefestigten Straße in ein Dorf. Es sieht aus wie vor 100 Jahren. Zwei Mädchen spielen auf der Straße, das Auto fährt zügig auf sie zu. Im Armaturenbrett leuchtet eine Warnlampe auf – der Notbremsassistent greift ein, das Auto kommt gerade noch vor den Kindern zum Stehen.

Im nächsten Dorf läuft ein Junge mit seinem Papierdrachen über die Straße. Der Mercedes überfährt ihn ungebremst. Seine Mutter ruft entsetzt: „Adolf!“ Der Wagen verlässt das Dorf, auf dem Ortsschild steht: Braunau am Inn.[1] Zum davonfahrenden Mercedes wird der Satz eingeblendet: Erkennt Gefahren, bevor sie entstehen![2]

---

1 Adolf Hitler wurde am 20.04.1889 im oberösterreichischen Braunau am Inn geboren.

2 Ein von Mercedes-Benz/Daimler AG nicht autorisierter Werbespot von Studenten der Filmakademie Ludwigsburg, 2013. (youtube.com/watch?v=MZGPz4a2mCA)

I. DAS PROBLEM

FREUD UND LEID

Niemand will leiden. Die Menschen hätten wohl nichts dagegen, wenn es für ihren Weg durchs Leben eine überirdische Macht gäbe, die mögliche Leidsituationen im Voraus erkennt und Leid verhindert. Aber wohl jeder Mensch kommt unter Leidensdruck. Für manche sind es kurze Phasen, bei anderen ist Leid ein längerer Zustand oder sogar ein bleibender. Tiefes Leid kann schon fester Bestandteil der Kindheit sein, uns plötzlich im besten Alter treffen oder dann, wenn wir meinen, im Ruhestand das Leben genießen zu können. Obwohl die meisten Menschen wissen, wie es ist, wenn man leidet, gibt es keine wissenschaftliche Definition dieses Zustands. Leid ist immer eine persönliche, existenzielle Empfindung, abhängig von eigenen Erfahrungen und Einstellungen. Es ist immer individuelles, persönliches Leid und deshalb nicht vergleichbar mit dem Leid anderer und nicht messbar an einem Maßstab, der festlegt, ob gerade gelitten wird oder nicht.

Grundsätzlich kann man sagen, dass Leid ein Sammelbegriff ist für „[...] all dasjenige, was einen Menschen körperlich und seelisch belastet. Unter anderem werden die Nichterfüllung von Bedürfnissen, Hoffnungen und Erwartungen, der Verlust von nahestehenden Individuen, die Trennung von sozialen Gruppen, äußere Zwänge und Begrenztheiten, Alter, Krankheit, Tod und Schmerzen als Leid empfunden.“[3]

Leid ist ein seelischer Schmerz, der innere Halt ist verloren gegangen, das Gefühl des hilflosen Ausgeliefertseins beherrscht den Leidenden und beeinflusst auch seine Beziehung zu seinem Umfeld negativ.

---

3 wikipedia.de

Nach Sigmund Freud[4], dem Begründer der Psychoanalyse, droht dem Menschen Leid von drei Seiten: von der Außenwelt in Form von Naturgewalten, weil sie mit „[...] übermächtigen, unerbittlichen, zerstörenden Kräften gegen uns wüten kann".[5] Der „Übermacht der Natur" sei der Mensch trotz aller Fortschritte in Wissenschaft und Technik hilflos ausgeliefert.

Die zweite Bedrohung liege in der Beziehung zu anderen Menschen. „Das Leiden, das aus dieser Quelle stammt, empfinden wir vielleicht schmerzlicher als jedes andere [...]."[6] Dazu gehören tiefe Kränkungen z. B. durch Ablehnung, Zurückweisung, Spott oder Ausgrenzung. Hier sei die Quelle des Leids „[...] die Unzulänglichkeit der Einrichtungen, welche die Beziehungen der Menschen zueinander in Familie, Staat und Gesellschaft regeln."[7]

Die dritte Bedrohung sei im Menschen selbst angelegt, in der „Hinfälligkeit unseres eigenen Körpers"[8], „der, zu Verfall und Auflösung bestimmt, sogar Schmerz und Angst als Warnungssignale nicht entbehren kann."[9]

Freud stellt auch die Frage, was die Menschen von ihrem Leben erwarten, was für sie Sinn, Zweck und Absicht ihres Daseins sei. Das sei an ihrem Verhalten zu erkennen. „Die Antwort darauf ist kaum zu verfehlen; sie streben nach dem Glück, sie wollen glücklich werden und so bleiben."[10] Diesen Zustand versuche der Mensch entweder durch Vermeidung von Leid oder durch das Erleben starker Befriedigungen und Lustgefühle zu erreichen. Dabei sei Letzteres

---

4 1856-1939. Sigmund (Sigismund Salomo) Freud entstammte einer jüdischen Familie, bezeichnete sich selbst aber als „gottlosen Juden".

5 Sigmund Freud: Das Unbehagen in der Kultur, Kapitel 2. gutenberg.spiegel.de/buch/das-unbehagen-in-der-kultur-922/2.

6 Ebd.

7 A.a.O., Kapitel 3.

8 Ebd.

9 A.a.O., Kapitel 2.

10 Freud, Kapitel 2.

die treibende Kraft im Menschen: Aus dem Lustprinzip[11] komme sein Lebenszweck. Dabei werde der Mensch nicht von seinem Willen bestimmt, sondern von angeborenen Instinkten dazu getrieben, Leid zu vermeiden und Lust zu suchen. Dagegen würden jedoch die drei genannten Widerstände arbeiten – und gewinnen. Glück bliebe deshalb nur ein „episodisches Phänomen“[12], immer nur ein kurzer, vorübergehender Zustand. Grundsätzlicher und stärker seien die leidbringenden Kräfte. Freud schließt daraus: „[...] man möchte sagen, die Absicht, daß der Mensch ‚glücklich‘ sei, ist im Plan der Schöpfung nicht enthalten.“[13]

Das sagt der Atheist Freud. Was sagt nun Gott dazu? Was sagt die Bibel?

DREI ANTWORTEN

Gott ist allmächtig, gerecht und gütig. Ist es seine Absicht, dass der Mensch glücklich ist oder überwiegt doch das Leid? Warum lässt dieser allmächtige, gerechte und liebende Schöpfer das Böse, das Übel und das Leid zu? Es ist das sogenannte „Theodizeeproblem“[14]: die Rechtfertigung Gottes vor der Vernunft angesichts der Übel in der Welt. Gott ist gut, aber die Welt ganz und gar nicht. Wie passt das eine zum anderen?

Die Frage ist zuerst: *Wer* fragt? Ungläubige Menschen, für die Gott nicht existiert, können nicht fragen, warum ein Gott Leid für Menschen zulässt, die nicht an Gott glauben. Die Theodizeefrage muss also an Gläubige gerichtet sein: „Warum lässt *euer* Gott Leid

---

11 So sagt schon 1. Mose 3,6: „Und die Frau sah, daß von dem Baum gut zu essen wäre, und daß er eine Lust für die Augen und ein begehrenswerter Baum wäre [...].“

12 Freud, Kapitel 2.

13 Ebd.

14 Von griech. *theós* (Gott) und *diké* (Recht, Gerechtigkeit, Rechtfertigung).

zu, wenn er doch allmächtig, gerecht und gütig ist?“ Aber oft fragen sich das auch die Gläubigen.

Die offizielle Theologie schaut dabei immer auf Hiob. Dieser Gerechte, der mitten in sein Gott wohlgefälliges und sehr schönes Leben hinein plötzlich eine niederschmetternde Nachricht nach der anderen bekam und schließlich selbst am eigenen Leib hilflos gelitten hat und völlig am Boden war, dieser Mann zeige uns, dass die Frage, warum Gott sein Elend zugelassen hat, nicht zu beantworten sei. Denn Gott begründe nicht, warum das „Schreckliche“, das Hiob „befürchtet“ hat, „über ihn gekommen“ ist, und ihn „getroffen“ hat, wovor ihn „graute“, wie Hiob selbst klagt.[15] Die Theologen sagen also: Wir wissen nicht, warum *dieser* Gerechte leiden musste. Und sie gehen noch einen Schritt weiter und folgern daraus: Wir wissen *grundsätzlich* nicht, warum Gerechte leiden müssen. Daraus ergibt sich die nächste und alles umfassende Schlussfolgerung: Wir wissen auch *grundsätzlich* nicht, warum der gerechte, allmächtige und gütige Gott ungerechtes Leid und plötzlichen Tod *in dieser Welt* zulässt.

Im Alten Testament ist die Frage nach dem „Warum“ des Leids sehr oft und drängend zu hören, im Neuen Testament jedoch nur ein einziges Mal: von Jesus Christus am Kreuz. Ab diesem Zeitpunkt wird im Neuen Testament der allmächtige, allwissende und gütige Gott nie mehr gefragt, warum er das Böse und das Übel zulässt, die gerade auch für seine Nachfolger Leid und gewaltsamen Tod zur Folge haben. Das Kreuz scheint das Problem in ein Vorher und Nachher zu teilen. Was vor dem Kreuzestod Christi immer wieder eine große, verzweifelte Frage war, spielt im Leben der Apostel und der ersten Christen keine Rolle. Obwohl es genügend Anlässe dafür gegeben hätte. Das große „Warum?“ des Leids ist verschwunden.

---

15 Hi 3,25.

Dürfen *wir* dann fragen? Wenn der himmlische Vater das Leid und den Tod des Sohnes nicht verhindert, haben wir Gläubige dann überhaupt das Recht, ihn zu fragen: Aber was ist mit *mir*? Warum lässt du *mein* Leid zu?[16]

Der Gott der Bibel hat gesprochen – zu Abraham, zu Mose, zu den Propheten, zum Volk Gottes. Er hat im Neuen Testament durch Christus gesprochen – zu seinen Jüngern, den Pharisäern und Schriftgelehrten, dem jüdischen Volk. Und er spricht durch sein Wort zu uns. Gott kommt zu uns, indem er spricht. Und ich erfahre aus der Bibel, dass er nie etwas Sinnloses, Willkürliches und Schlechtes tut. Darf ich daraus schließen, dass auch *in meinem* Leid ein „guter Kern“ steckt, eine Information, eine Botschaft, ein Hinweis, eine Hilfe, irgendetwas, das mir sagt, dass ich meinem Leid nicht völlig hilflos ausgeliefert bin, dass mein Vertrauen in Gott immer noch berechtigt ist? Hat auch im Leid das Grundvertrauen, das der Gläubige seinem Gott entgegenbringt, eine Berechtigung und kann es weiter bestehen bleiben? Steckt im Schlechten des Leids vielleicht etwas Göttlich-Gutes?

Oder haben wir es doch mit einem Gott zu tun, der abwesend ist, schweigt, nichts tut, uns bei unserem Leiden nur zuschaut? So, wie es diejenigen vermuten, die bei leidvollen Katastrophen ins christliche Lager hinein fragen: „Wo war er denn nun, euer lieber Gott? Warum hat er es denn nicht verhindert, wo er doch so allmächtig ist?“ Haben wir eine Antwort oder ein Schulterzucken?

Es soll hier also auf biblischer Basis untersucht werden, ob und wie der allmächtige, gerechte und liebende Schöpfer und das Böse, das Übel und das Leid zusammengebracht werden können. Im Alten wie im Neuen Testament und jetzt, im persönlichen Leid. Es soll gezeigt werden, dass die biblische Botschaft auch dann noch eine „Gute Nachricht“ ist und hat.

---

16 Menschen, für die Gott nicht existiert, können diese Frage nicht stellen.

LEID UND TOD

Bild-Online: „Am 26. Dezember 2004 verwandelte ein Seebeben im Indischen Ozean zahlreiche Küstenbereiche in Katastrophengebiete. Ganze Landstriche wurden unter den Wassermassen des Tsunamis begraben. Insgesamt 230 000[17] Tote fielen der verheerenden Flutwelle zum Opfer. Darunter auch viele deutsche Urlauber.

Am stärksten betroffen von dem Unglück war Indonesien: Nach Schätzungen verloren fast 170 000 Menschen bei der Katastrophe ihr Leben, allein in der Provinzhauptstadt Banda Aceh im Norden Sumatras starben über 30 000 Menschen. Über 800 Kilometer Küste wurden zum Teil kilometerweit bis ins Land hinein verwüstet. Nach offiziellen Angaben lag die Zahl der insgesamt durch den Tsunami getöteten Deutschen bei 552 (537 Menschen wurden identifiziert, 15 gelten seitdem als vermisst).“ [18]

Evangelische Nachrichtenagentur „idea“: „Einer der bekanntesten Evangelisten im deutschsprachigen Raum, der Österreicher Hans Peter Royer (Schladming/Steiermark), ist am 17. August bei einem tragischen Unfall ums Leben gekommen. Der 51-jährige Direktor des Bibel- und Freizeitzentrums ‚Tauernhof‘ stürzte am Dachstein beim Gleitschirmfliegen ab. Wie das Zentrum auf Anfrage der Evangelischen Nachrichtenagentur idea mitteilte, wurde Royer offenbar von einer Windbö erfasst und sei gegen einen Felsen geprallt. Die Leiche sei nach einer mehrstündigen Suchaktion in einer Felsrinne gefunden worden. Nach Angaben der Polizei gab es keine Zeugen für den Unfall. [...] Royer war einer der gefragtesten Evangelisten im deutschsprachigen Raum. So sprach er bei den traditionellen Pfingst- und Missionskonferenzen in Deutschland

---

17 Das ZDF spricht im Januar 2005 von 280 000 Toten.

18 08.06.2009 (Klammern im Original)

vor Tausenden von Besuchern und rief zu einem Leben in der Hingabe an Jesus Christus auf.“ [19]

Frank Retief schreibt: „Die Musik war in St. James immer ein wichtiger Bestandteil des Gottesdienstes. Im Laufe der Jahre waren viele talentierte Menschen in die Gemeinde gekommen und man hatte versucht, ihre Gaben zur Ehre Gottes nutzbar zu machen. So sangen an diesem Abend Tanya und Neil ein Duett mit dem Titel ‚More than wonderful‘ [...].

Als das Duett beendet war, öffnete sich die Tür neben dem Chorraum. Die Versammlung lauschte noch den verklingenden Tönen, als die Banditen reinstürmten. Ein Mann in schwarzer Kleidung stand dort mit einer Maschinenpistole unter dem Arm.

Die Leute starrten ihn mit unschuldiger Neugier an. Oftmals erscheinen Fremde in der Kirche, wenn dieser auch ungewöhnlich spät kam. Niemand begriff, was nun geschehen sollte, als er seine Waffe von einer Hand in die andere nahm, wodurch er sich als Linkshänder auswies. Dann eröffnete er das Feuer [...]. Die Geschosse fegten über die Versammlung [...]. Als die Verletzten zu schreien begannen und die Versammelten Deckung suchten, warfen die Banditen eine mit Nägeln bestückte Handgranate in die Menge. Die Explosion zerfetzte Kirchenbänke und jagte hunderte von tödlichen Splittern in alle Richtungen.

Gerhard und Wesley Harker waren zum zweiten Mal in den Gottesdienst gekommen. Geistlich begann in ihnen etwas wach zu werden. Neue Horizonte öffneten sich ihnen. Als die Handgranate zu Boden fiel – so berichteten einige – warf sich Gerhard über sie, um seinen Bruder zu schützen. Wenn das stimmt, so war die Tat leider schrecklich nutzlos: Beide Jungen starben.

---

19 18.08.2013.

Richard Okill war Pastorensohn. [...] Er saß bei zwei Freundinnen, Bonnie und Lisa. Instinktiv warf er sich über die beiden Mädchen und wurde in den Rücken getroffen.

Denise Gordon, Mutter der dreijährigen Sarah, war auf der Stelle tot. Denises Ehemann wurde schwer verletzt.

Myrtle Smith wurde getroffen und starb noch in der Kirche.

Guy Javens starb neben seiner Frau Marilynn in der Garderobe der Kirche.

Marita Ackermann verstarb auf dem Weg ins Krankenhaus.

Fünf Besucher aus Osteuropa wurden bei ihrem ersten Besuch in einer christlichen Kirche getötet. Dreiundfünfzig Personen wurden als verletzt gemeldet, einige davon lebensgefährlich.“ [20]

WO WAR GOTT?

280 000 Tote durch einen Tsunami. Zurück bleiben Trauer und Leid für Millionen Angehörige und Freunde. Und Gott, der Herr, schaute einer der verheerendsten Naturkatastrophen aller Zeiten nur zu.

Ein bekannter und beliebter „Reich-Gottes-Arbeiter“ verunglückt bei seinem Hobby tödlich. Und eine Familie verliert von einer Sekunde auf die andere Ehemann und Vater, ein Missionswerk seinen Leiter und christliche Teilnehmer einer Bibelschule ein Vorbild an Begeisterung für Jesus Christus. Gott, der Herr, hatte seinen Tod nicht verhindert.

Eine südafrikanische Gemeinde wird während des Gottesdienstes von Terroristen mit Maschinenpistolen und Handgranaten

---

20 Frank Retief: „Warum? Schweigt Gott?“, Christliche Literatur-Verbreitung e.V., 1997, S. 20-22. Frank Retief war Pastor der St. James-Gemeinde in Kenilworth, Südafrika, als bei einem Anschlag auf seine Gemeinde im Juli 1993 elf Gottesdienstbesucher getötet und 53 verletzt wurden.

überfallen. Tote, Verletzte und überall Blut. Gott, der Herr, ließ es geschehen.

Warum verhindert Gott, der allmächtige, gütige, gerechte Herr über Himmel und Erde, Katastrophen und unverschuldetes Leid nicht? Hat er das überhaupt jemals getan? Er tat es nicht bei den aktuellen Terroranschlägen und Kriegen. Nicht beim Zweiten Weltkrieg mit seinen 55 Millionen Toten.[21] Nicht bei den sechs Millionen ermordeter Juden während der Naziherrschaft, dem größten Verbrechen in der Geschichte der Menschheit. Er hat Adolf Hitler nicht verhindert.[22] Nicht die Atombombenabwürfe auf Hiroshima und Nagasaki. Nicht den Ersten Weltkrieg. Nicht die Französische Revolution und nicht die Aufklärung, die den biblischen Gott in den Hintergrund drängten und aus der „Vernunft" eine neue anbetungswürdige Göttin und oberste geistige Autorität machten. Gott hat die Menschen nicht vor dem katastrophalen Erdbeben von Lissabon im Jahr 1755 bewahrt, das Europas erste und nachhaltigste Glaubenskrise auslöste. Er hat auch nicht die Inquisition mit ihren „Ketzer"- und „Hexenverbrennungen"[23] verhindert, nicht die Kreuzzüge „im Namen des Herrn"[24], nicht die Besetzung Judäas durch die heidnische Weltmacht Rom, nicht die Zerstörung Jerusalems und des Tempels, auch nicht die Vertreibung der Juden, seines erwählten Volkes aus der Stadt und ihrem Land.

Und zuvor hat Gott, der Vater, es nicht verhindert, dass sein Sohn auf Erden von fast allen abgelehnt, verfolgt und schließlich zum Tode verurteilt wurde und unter Schmerzen an einem Kreuz starb - von seinen Jüngern und von Gott verlassen.

---

21 Und insgesamt über 400 Millionen Tote in den Kriegen der letzten 2000 Jahre.

22 Auch nicht Stalin, Mao Tse-tung, Pol Pot, Idi Amin und die anderen Verbrecher und Verbrechen gegen die Menschlichkeit in aller Welt.

23 Geschätzte Opferzahl zwischen 9 und 16 Millionen.

24 Mit dem Tod von ca. 20 Millionen Menschen.

Was also ist mit all den Kriegen, den Verbrechen gegen die Menschlichkeit, den todbringenden Naturkatastrophen und Seuchen?[25] Wo war Gott? Was ist mit dem Bösen im Menschen und was er anderen damit antut? Was ist mit dem plötzlichen Tod, den unheilbaren Krankheiten, den leidvollen Behinderungen von Geburt an, dem psychischen Leid? Warum gibt es weltweit Ungerechtigkeiten in den politischen und gesellschaftlichen Systemen? Warum regiert Geld die Welt und nicht Gott? [26]

Und was ist mit meinem persönlichen Leid, das mich gerade quält? Haben wir Christen etwa wirklich einen Gott, der bei allem Bösen und Übel dieser Welt nur zuschaut? Wie kann dieser Gott, der doch allmächtig, allwissend, allgütig, gerecht und die Liebe ist, sinnloses, ungerechtes und unverhältnismäßiges Leid zulassen?

---

25 An der Pest starben zwischen 1347 und 1351 in Europa ca. 25 Millionen Menschen – fast ein Drittel der Bevölkerung. Im 18. und 19. Jahrhundert starben weitere Millionen an Syphilis, Pocken, Fleckfieber, Cholera, Lepra oder Tuberkulose. Die verheerendste Seuche des 20. Jahrhunderts war die „Spanische Grippe" in den Jahren 1918-1920 mit bis zu 50 Millionen Toten weltweit (1,5-2 % der damaligen Weltbevölkerung). Dank der medizinischen Forschung sind diese Krankheiten heute entweder heilbar oder verschwunden.

26 Ca. 1300 global agierende Unternehmen kontrollieren durch vernetzte Strukturen den Großteil der weltweiten Wirtschaft. Darunter beherrschen 737 rund 80 % des Weltmarktes, davon hat wiederum ein Netzwerk von nur 147 Finanzakteuren die Kontrolle über die Hälfte der globalen Wirtschaft. Diese „Global Player" mit „Global Control" sind hauptsächlich Investmentbanken und Vermögensverwalter (aus: „The network of global corporate control", wissenschaftliche Systemanalyse der ETH Zürich http://journals.plos.org/plosone/article?id=10.1371/journal.pone.0025995). Der größte Vermögensverwalter ist die US-amerikanische BlackRock mit umgerechnet ca. 4,3 Billionen Euro Anlagevermögen. Das ist mehr als das Bruttoinlandsprodukt Deutschlands mit ca. 3 Billionen Euro (Stand Dezember 2016). Dass eine kleine Gruppe über die meiste Finanzmacht verfügt, ist nicht neu. Schon vor 100 Jahren besaßen nur ein halbes Dutzend – hauptsächlich amerikanische – Finanziers den Großteil des weltweiten Geldvermögens.

II. DIE SCHÖPFUNG UND DER ERSTE BUND

Für eine erste Antwort auf das Warum des Leids muss man zurückschauen – weit zurück bis zu den ersten Worten der Bibel: „Im Anfang."

„Im Anfang schuf Gott die Himmel und die Erde."[27] Um Himmel, Erde und den Menschen zu erschaffen, genügte es, dass Gott sprach. Jeder der sechs Schöpfungstage beginnt mit seinem schöpferischen Wort[28]: „Und Gott sprach [...]".[29]

Was der Schöpfer dann mit den Worten „Es werde [...]" ins Dasein rief, geschah augenblicklich, ohne dass Zeit verging: „Denn er sprach, und es geschah; er gebot, und es stand da", heißt es in Psalm 33. Gottes Wille wurde sofort Wirklichkeit – und zwar „nicht aus Sichtbarem"[30], d. h. nicht aus schon Bestehendem. Der Schöpfer brauchte nichts anderes als sich selbst, um zu erschaffen. Die Schöpfung entstand aus nichts als Gott. Es genügten sein Wille und sein Wort. Allein durch sein Sprechen und Befehlen erschuf der Schöpfer zuerst formlose, nicht-organisierte

---

27 1Mo 1,1. In der Theologie der Kirchen gehört unter vielem anderen auch die Urgeschichte (Genesis 1–11) zu den „mythischen Erzählungen" in der Bibel. Es handle sich nicht um tatsächliche Ereignisse, sondern sie wären symbolisch zu verstehen. Welche faktische Information in dieser Symbolik stecken könnte, ist unter Auslegern nicht eindeutig geklärt. Wird aber die Genesis nicht als tatsächlich historisch gewertet, werden auch das Neue Testament und die Person Jesu Christi, sein Wirken, Leiden und Sterben zum Mythos. Aus ihm lässt sich dann willkürlich eine dem eigenen Unglauben bzw. dem Zeitgeist angepasste Botschaft herausinterpretieren. Die Bibel ist dann nicht mehr Wort Gottes, nicht mehr Offenbarung Gottes und nicht mehr Vermittlerin des Heils in Vergangenheit, Gegenwart und Zukunft. Die Frage ist nur: Was ist sie dann?

28 Wobei im Johannesevangelium das „Wort" als die zweite Person des dreieinigen Gottes identifiziert wird: Jesus Christus.

29 1Mo 1,1-31. (In anderen Bibelübersetzungen auch: „Da sprach Gott [...]", bzw. „Dann sprach Gott [...]").

30 Hebr 11,3. In anderen Übersetzungen: „Aus nicht Erscheinendem", „aus nichts geworden".

Wirklichkeit[31], die dann durch befehlendes Ansprechen[32] des Geschaffenen in die gottgewollte Ordnung gerufen wurde. Dieses sichtbare und unsichtbare Universum existiert abgesondert vom Schöpfer, ist also nicht göttlich, aber von ihm abhängig und wird von ihm in Existenz gehalten.[33]

Der Schöpfungsbericht beschreibt die Entstehung von „allem, was ist" als genau gegensätzlichen Entwurf zur aktuellen Theorie der Naturwissenschaft:

» Nur Gott erschafft aus dem Nichts. Nichts außer ihm existierte vor der Schöpfung – keine Materie, keine Zellen, keine Moleküle, keine Atome, keine subatomaren Elementarteilchen, nicht einmal „quantenmechanische Kräuselungen kontinuierlicher Energiefelder".[34] Der Schöpfer ist die erste Ursache von allem, was ist, und deshalb selbst nicht verursacht. Daraus, und im Hinblick auf das Universum, wie es ist, folgt:

---

31 „Licht" und „Finsternis" am ersten Tag, „Himmel" und „Meer" am zweiten bzw. dritten Tag, „Erde" am dritten Tag.

32 Zum Beispiel: „Es *werde* eine Ausdehnung inmitten der Wasser, die *bilde* eine Scheidung zwischen den Wassern!" am zweiten Tag. „Es *sammle* sich das Wasser unter dem Himmel an einen Ort, damit man das Trockene sehe!", „Die Erde *lasse* Gras *sprießen* [...]" am dritten Tag, „Das Wasser *soll wimmeln* von einer Fülle lebender Wesen [...]" am fünften Tag. Hervorhebungen vom Autor.

33 Damit schuf der Schöpfer etwas Neues: Raum und Zeit bzw. die „Raumzeit". Nach der Relativitätstheorie sind die drei Raumdimensionen und die Dimension der Zeit miteinander verschränkt und bilden die vierdimensionale „Raumzeit".

34 Eine Theorie, nach der ein spontaner, unerklärlicher Symmetriebruch in einem ausgeglichen Teilchen-/Antiteilchen-Zustand zugunsten der Teilchen „Kräuselungen" im ursprünglichen „immateriellen Informationsmuster" oder „Quantenvakuum" auslöste, die der explosionsartige Beginn des Universums gewesen sein könnten (Urknall). Die Ursache dieses Ungleichgewichts bleibt für die Naturwissenschaft „unerklärlich".

» Gott existiert ewig, er „transzendiert“ Raum und Zeit. (Er nimmt weder Raum ein, noch vergeht für ihn Zeit. Er handelt dennoch in Raum und Zeit.)

» Er ist nicht materiell. (Materie existiert nur innerhalb des Raumes.)

» Er verfügt über einen Willen.

» Er handelt nach logischen Gesetzen. (Sonst könnten wir unsere Realität nicht beschreiben und Schlussfolgerungen ziehen. Logik muss Bestandteil von Gott als erster Ursache sein; Logik, d. h. auch „Sinn“, und „Gott“ sind deckungsgleich.)

» Er ist extrem intelligent. (Weil er dieses extrem komplexe Universum hervorgebracht hat, das der Mensch nie abschließend verstehen kann.)

» Er ist „gut“. („Alles war sehr gut“ bei der Schöpfung.)

» Er ist personhaft. (Wille, Logik und Intelligenz sind Kennzeichen einer „Person“.)

Die naturwissenschaftliche Theorie akzeptiert Gott als erste Ursache für die Entstehung des Universums nicht. Deshalb braucht sie immer „etwas“, aus dem „etwas“ entstanden sein muss – so kommt es zu einer endlosen Kette von Ursachen und Wirkungen: Jedes „Etwas“ muss die Ursache seines Entstehens in etwas Vorausgegangenem haben und ist selbst die Ursache von etwas, das ihm folgt. Und so geht es endlos weiter. Ein Ereignis, das nicht verursacht wurde, ist aus naturwissenschaftlicher Sicht nicht möglich. Es gilt die Kausalkette[35] als Grundprinzip. Deshalb kann die Physik keinen ersten absoluten Anfang des Universums finden.

---

35 Regelhafte Wenn-Dann-Aussagen als gesetzmäßig beschreibbare, physikalische Vorgänge, aus denen alles Seiende entstanden sein soll.

Nur in der Bibel gibt es jedoch einen solchen absoluten Anfang, einen Beginn von allem, was ist: „Im Anfang sprach Gott [...]“ Er schuf getrennt und direkt „Himmel“, „Erde“, „Licht“ „Meer“, „Gras“, „Kraut“, „Samen“, „Bäume“, „Früchte“, „Meerestiere“, „Vögel“, „Vieh“, Gewürm“, „Tiere der Erde“. Und den Menschen. Alles nach seiner bzw. ihrer Art. Die Welt hat einen intelligenten Ursprung.

Ganz anders die Theorie der heutigen Naturwissenschaft: Sie sagt, dass alles, was ist, in einem zufälligen, Milliarden Jahre langen Entwicklungsprozess nach einem angenommenen „Urknall“ entstanden sei. Auch das erste Lebewesen habe sich in einem zufällig entstandenen Selbstorganisationsprozess aus nicht-organischer, also toter Materie entwickelt. Der Mensch als das bisher letzte Glied dieser Kette sei als „vernunftbegabtes Tier“ aus den Menschenaffen (Hominiden) hervorgegangen. Es gibt aber immer noch unbeantwortete grundsätzliche Fragen: Warum gab es einen sog. „Urknall“? Was hat „geknallt“? Was war davor? Warum gibt es mehr Materie als Antimaterie? Wie kann aus toter Materie Leben entstehen? Also: Warum gibt es überhaupt etwas und nicht nichts? Diese philosophische Frage lässt sich in der Sprache der Mathematik formulieren[36], eine naturwissenschaftlich fundierte Antwort gibt es auch nach jahrhundertelanger Forschung nicht.

Nur die Schöpfung Gottes hat ein Ziel: „Denn von ihm und durch ihn und für ihn sind alle Dinge; ihm sei die Ehre in Ewigkeit! Amen.“[37] Alles wurde und ist zu Gott hin erschaffen, alles weist auf ihn hin. Zweck und Ziel der Schöpfung sind das Lob, die Ehre und die Anerkennung der Herrlichkeit Gottes, der alles hervorgebracht hat.

---

36 Der Philosoph Leibniz fragte: Warum ist vielmehr/eher etwas als nichts vorhanden? In Mathematik ausgedrückt: $E[X]\ \exists > \neg\exists$. Schelling: Warum ist überhaupt etwas? Warum ist nicht nichts? ($\exists$? $\neg\ \neg\exists$?) Heidegger: Warum ist überhaupt Seiendes und nicht vielmehr Nichts? ($\exists \wedge \neg E[X]\ \neg\exists$?).

37 Röm 11,36.

Dagegen sagt die naturwissenschaftliche Theorie, dass es eine Evolution, eine Entwicklung zu besser angepassten Formen, größerer Vielfalt und höherer Komplexität gäbe, aber auch Zerfall, Absterben und Tod als notwendige Voraussetzungen für Leben. Ein übergeordnetes Ziel würde es nicht geben.

Nach der Bibel wird das Universum jedoch ein Ende haben; ein neuer Himmel und eine neue Erde werden von Gott geschaffen: „Und ich sah einen neuen Himmel und eine neue Erde; denn der erste Himmel und die erste Erde waren vergangen, und das Meer gibt es nicht mehr.“[38] „Und der auf dem Thron saß, sprach: Siehe, ich mache alles neu!“[39]

Die Astrophysik vermutet dagegen, dass das Universum irgendwann nicht mehr bestehen werde, wobei das Leben schon lange vorher wegen lebensfeindlicher Zustände unmöglich geworden sein wird. Wie das Ende aussehen könnte und wann es eintrifft, darüber gibt es nur Theorien.

Die Art und Weise, wie Gott alles, was ist, ins Dasein rief, weist auf einen allmächtigen und absolut souveränen Herrscher hin: Er schafft vollkommen mühelos Wirklichkeit, allein durch das Aussprechen seines Willens. Entsprechend einfach und klar ist auch der Stil, in dem der Bericht über die Erschaffung der Schöpfung gehalten ist. Was später z. B. in vielen Psalmen ehrfurchtsvoll bestaunt und als großartiges Zeugnis der Macht und Herrlichkeit des Schöpfers gepriesen wird, bleibt im Schöpfungsbericht ganz auf dem Boden des Faktischen: Er zählt nüchtern, völlig undramatisch und unmythisch die Schöpfungsvorgänge auf.

Nach der Erschaffung des Menschen am sechsten Tag sah Gott „alles, was er gemacht hatte; und siehe, es war sehr gut“.[40] Alles

---

38 Offb 21,1.
39 Offb 21,5.
40 1Mo 1,31.

lief einfach und klar ab, alles wurde sofort, wie es sein sollte. Es gab keine Probleme.

ABGEFALLEN

Mit dem Menschen hatte Gott etwas Besonderes vor, deshalb sprach er wieder: „Lasst uns Menschen machen nach unserem Bild, uns ähnlich; die sollen herrschen über die Fische im Meer und über die Vögel des Himmels und über das Vieh und über die ganze Erde, auch über alles Gewürm, das auf der Erde kriecht! Und Gott schuf den Menschen in seinem Bild, im Bild Gottes schuf er ihn; als Mann und Frau schuf er sie. Und Gott segnete sie; und Gott sprach zu ihnen: Seid fruchtbar und mehrt euch und füllt die Erde und macht sie euch untertan; und herrscht über die Fische im Meer und über die Vögel des Himmels und über alles Lebendige, das sich regt auf der Erde!“[41]

Der erschaffene Mensch bekam zwei Anweisungen: „Und Gott der Herr gebot dem Menschen und sprach: Von jedem Baum des Gartens darfst du nach Belieben essen; aber von dem Baum der Erkenntnis des Guten und des Bösen sollst du nicht essen; denn an dem Tag, da du davon ißt, mußt du gewißlich sterben!“[42] Das war der erste Bund des Schöpfers mit den Menschen.

Der Mensch ist das einzige Geschöpf, das die Auszeichnungen „Ebenbild Gottes“[43] und „Herr über die Schöpfung“ bekommt: „Du hast ihn wenig niedriger gemacht als Gott, mit Ehre und

41 1Mo 1,26-28.

42 1Mo 2,16f.

43 Nicht Gott aber wie er, mit geistigen, moralischen und sozialen Fähigkeiten. Identisch ist Gott nur mit und in sich selbst als Vater, Sohn und Heiliger Geist.

Herrlichkeit hast du ihn gekrönt. Du hast ihn zum Herrn gemacht über deiner Hände Werk, alles hast du unter seine Füße getan." [44]

Adam[45] und Eva wurden in den „Garten Eden" „gesetzt", dort sollen sie fruchtbar sein, die Erde füllen und sie sich untertan machen: Sie sollten in der Herrlichkeit[46] ihres Schöpfers, in seinem Willen und in engster Gemeinschaft und Geborgenheit mit ihm über alles Lebendige herrschen und das vollkommene Werk seiner Hände bebauen und bewahren. Sie sollten das „Abbild" Gottes sein, das seinen Schöpfer ehrt, indem es seine Herrlichkeit widerspiegelt. Beginnend mit Adam und Eva war auch die nachfolgende Menschheit dazu bestimmt, Gott in Anbetung zu dienen, seine Stimme zu hören, auf sein Reden zu antworten und seinen Willen tun.

Dabei hatte Gott seinen Geschöpfen eine grundsätzliche Fähigkeit schon bei ihrer Erschaffung mitgegeben: Sie konnten im „Garten Eden" selbstständig Entscheidungen treffen.[47] Adam und Eva „durften" von jedem Baum nach Belieben essen – der Mensch war frei[48], selbst zu entscheiden. Sie „sollten" aber nichts vom Baum des Guten und Bösen nehmen. Das war der Preis der Freiheit und die Bedingung für ein ewiges Leben in der direkten Gegenwart ihres Schöpfers. Als selbstständige Person und fähig,

---

44 Ps 8, 6-7.

45 Hebräisch „āḏām" – Mensch, Menschheit.

46 Die Ausstrahlung seiner Heiligkeit und Majestät, seines ganzen Wesens.

47 Und zwar „vernünftige" Entscheidungen. Der Mensch wurde „nach dem Bilde" des dreieinigen Gottes geschaffen; der hebräische Begriff für „Bild" , „tselem" oder „zelem", beinhaltet auch die Vernunft (griech. „logos"). Siehe Joh 1,1-14. Gott hatte Adam zuerst mit Vernunft ausgestattet, ehe er sich ihm offenbarte und ihn ansprach.

48 „Das Höchste, das überhaupt für ein Wesen getan werden kann, höher als alles, wozu es einer machen kann ist dies: es frei zu machen. Eben dazu, dies tun zu können, gehört Allmacht. [...] Das ist das Unbegreifliche, dass Allmacht nicht bloß vermag, das Allerimposanteste, das sichtbare Weltenganze, hervorzubringen, sondern auch das Allerzerbrechlichste hervorzubringen vermag: ein der Allmacht gegenüber unabhängiges Wesen." (Sören Kierkegaard, Reflexionen über Christentum und Naturwissenschaft)

Entscheidungen zu treffen, sollte der Mensch die von Gott gesetzte Grenze der Freiheit im Gehorsam respektieren; freier Wille und Anerkennung der vom Schöpfer gesetzten Grenzen gehörten zusammen. Der Mensch ist nur innerhalb der Bindung an Gott und durch Anerkennung seiner Autorität in positiver Weise frei. Adam und Eva hatten die Wahl, sich an diesen Willen Gottes zu halten oder nicht. Es war eine Gehorsams-Beziehung. Wenn sie ihre Freiheit innerhalb der von Gott gegebenen Ordnung genutzt hätten, würden die Menschen auch heute noch im Paradies leben – im Frieden mit Gott, mit sich selbst, mit den anderen Menschen, mit der Natur und ohne Krankheit, Leid und Tod.

Doch Adam und Eva haben alles falsch gemacht, was man im Paradies falsch machen konnte. Umso tragischer, weil dieses „Alles" nur ein einziges Gebot betraf: Entscheide dich nicht dafür, dein eigener Herr sein zu wollen. Eva wollte es trotzdem. Die Schlange, die Eva manipulierte und zur Rebellion gegen den Schöpfer bringen wollte, war erfolgreich. Eva war bereit, von der verbotenen Frucht zu essen. Sie erwartete konkret, dass das Essen der Frucht des Baumes von Gut und Böse „weise"[49] machen würde. Sie strebte nach einer auf gleicher Ebene mit dem Schöpfer liegenden Erkenntnis und Klugheit.[50] Sie wollte sein wie Gott. Adam war einverstanden.

Der Schöpfer erschuf die Welt in Weisheit – sie war sehr gut. Er schuf Menschen in Liebe – er gab ihnen einen freien Willen aus Liebe und zu Liebe hin – nämlich ihn, den Schöpfer, zu lieben. Es war eine Freiheit, welche die Menschen aber auch zu ihrem eigenen Schaden nutzen konnten: Grenzen zu übertreten und sich

---

49 In anderen Übersetzungen steht „klug", „Einsicht geben".

50 Die sog. „Autonomie" („Selbst-Gesetz"), nach eigenen Vorstellungen leben, selbstständig und unabhängig in eigener Verantwortung entscheiden können. Autonomie als eine nur sich selbst Grenzen setzenden Freiheit besitzt nur Gott.

gegen ihre eigentliche, vom Schöpfer gewollte Bestimmung zu entscheiden.

Seit Adam und Eva genau das taten und damit die gottgewollte Grenze ihrer Freiheit übertraten, steht die Menschheit genau dort, wo sie nach Gottes Willen und Liebe nicht hingehört und wo sie sich selbst existentiell schadet: im Zustand des geistlichen Todes durch die Sünde[51] der Abtrennung von Gott und somit der Unterbrechung der direkten, persönlichen Beziehung zu ihm von Angesicht zu Angesicht. Sünde ist in ihrem Kern das Nicht-Wollen, dass Gott Gott ist, einerseits und die Entscheidung, in der Unabhängigkeit von ihm selbst wie Gott zu sein, andererseits. Der Mensch hat sich selbstständig gemacht.

Diese selbstbestimmte und damit atheistische Lebenseinstellung ist der Schlager, der in der westlichen Welt seit ungefähr 300 Jahren – seit der „Aufklärung“[52] – in den Lebensphilosophie-Charts ganz oben steht. Es gibt sogar einen „Autonomie-Song“, der zum Hit wurde: Ende 1968 nahm der amerikanische Sänger, Schauspieler und Entertainer Frank Sinatra eine neu getextete englische Version eines französischen Chansons auf – ihr Titel lautet „My Way“. Im Text geht es um einen weit gereisten Mann im Showbusiness, der das Leben genossen hat. Jetzt, wo das Ende nahe ist und für ihn bald der „letzte Vorhang“ fällt, hält er Rückschau. Er erzählt seinen Freunden von Höhen und Tiefen und stellt fest, dass er sein Leben in vollen Zügen und vor allem auf seine eigene Art gelebt hat. „My Way“ ist das stolze Bekenntnis, „a life that's full“, ein „Leben in Fülle“ gelebt zu haben, wie es im Lied heißt. „My Way“ bedeutet,

---

51 Griech. „harmatia“ – (Ziel-)Verfehlung.

52 „Als wichtige Kennzeichen der Aufklärung gelten die Berufung auf die Vernunft als universelle Urteilsinstanz, der Kampf gegen Vorurteile, die Hinwendung zu den Naturwissenschaften, das Plädoyer für religiöse Toleranz und die Orientierung am Naturrecht. Gesellschaftspolitisch zielte die Aufklärung auf mehr persönliche Handlungsfreiheit (Emanzipation), Bildung, Bürgerrechte, allgemeine Menschenrechte und das Gemeinwohl als Staatspflicht.“ (wikipedia.de)

aus der Masse herauszuragen, Spuren zu hinterlassen, Risiken zu wagen, aus Niederlagen gestärkt herauszukommen – und letzten Endes zu gewinnen. Jemand mit der „My Way"-Philosophie zieht sein Ding durch. Er gehört nicht zu denen, die „knien", wie es im Liedtext heißt, nicht zu denen, die nicht zu sich selbst stehen. Denn ein „My Way"-Typ kniet nicht, er steht – selbstbestimmt, unabhängig, frei. Und das ist gut so, meint er.

Die Erfinder der „My Way"-Philosophie waren aber Adam und Eva. Doch es gab ein Problem: Gott hat diese Welt in Weisheit und Liebe erschaffen; durch die Übertretung des einen Gebotes wurde aber ein drittes Wesensmerkmal Gottes herausgefordert: seine Gerechtigkeit. Er kann nicht „mit Sünde leben", sie nicht einfach akzeptieren und die Trennung von ihm unbeantwortet lassen.

Doch zuerst muss man feststellen: Mit der Nichtbefolgung von Gottes Willen, mit dieser ersten Grenzüberschreitung, dieser Ursünde, hat eine widergöttliche Einflussgröße Zugang zum Menschen bekommen: eine personhafte, aber unsichtbare Macht, die der „Widersacher" und „Gegner[53] genannt wird, der „Durcheinanderbringer[54], „Verleumder", „Entzweier", „Verführer", „Ankläger der Brüder", „der Arge", „der Böse", „Fürst", „Geist" oder „Gott dieser Welt" oder „Teufel" und „Satan"[55] genannt wird. Er wird „sichtbar" im Bösen des Menschen als einer dem Willen Gottes entgegengesetzten und somit lebensfeindlichen und lebensschädigenden Ausrichtung in seinen Gefühlen, Gedanken und Taten. Denn Gott ist Leben und gibt Leben.[56] „Der Böse" steht beidem entgegen. Somit ist „das Böse" des Menschen das, was er vom Einfluss des Widersachers und Verführers zulässt. Das ist jedoch durch den

53 Hebr. „Satan".

54 Griech. „*Diábolos*", „*Teufel*".

55 Gegner.

56 1Mo 2,7: „Da bildete Gott der Herr den Menschen, Staub von der Erde, und blies den Odem des Lebens in seine Nase, und so wurde der Mensch eine lebendige Seele."

Sündenfall der ersten Menschen schon in jeden Menschen eingedrungen: Der Abfall von Gott bedeutet eine Infizierung mit dem Bösen. Der Mensch weiß zwar, was gut und böse ist, kann aber nicht ausschließlich das Gute tun, sondern verhält sich ambivalent, zwiespältig, widersprüchlich. In ihm gibt es ein Durcheinander[57] von Gut und Böse, wobei seine grundsätzliche Haltung durch den Sündenfall Adams und Evas gottfeindlich ist. Wer aber keine Beziehung zu dem hat, der Leben ist und Leben gibt, befindet sich in einer lebensreduzierenden bis lebensfeindlichen Situation. Das Böse ist in ihm und um ihn herum. Biblisch gesehen ist der Mensch nicht von Grund auf gut, wie manche Philosophen behaupten.[58]

Während das Böse also menschliche Ursachen hat, kommt das Übel von der unbelebten Schöpfung, z. B. durch Naturkatastrophen und von dem, das sich im Menschen selbst ereignet, wie Krankheiten. Auch diese körperlichen und seelischen Übel sind Zeichen dafür, dass der Mensch sich im Zustand des „Un-Heils" befindet. Er lebt nicht im Heil, d. h. in der ursprünglichen, paradiesischen, sehr guten Schöpfung, und nicht in der direkten Gemeinschaft mit dem Schöpfer, sondern befindet sich seit des Ungehorsams der ersten Menschen in einem zum Heil gegensätzlichen, weil von Gott getrennten Zustand. Er ist nicht fähig, aus sich heraus den paradiesischen Urzustand wiederherzustellen. Er kann es nicht und will es auch gar nicht.

Und schon auf diese ersten Menschen wird nach ihrer Verletzung der vom Schöpfer gesetzten Ordnung Unheil zukommen. Denn wenn sein Geschöpf nicht in Übereinstimmung mit ihm

---

57 Es wirkt der „Diabolos" als „Durcheinanderbringer".

58 Z. B. von Jean-Jaques Rousseau. Er sagt, dass man das Schlechte durch Erziehung und durch die Annahme „guter Werte" zumindest minimieren könne. Für den deutschen Philosophen Immanuel Kant dagegen hat der Mensch einen „Hang zum Bösen", das in ihm „gewurzelt" ist und das er auf Grund seiner Freiheit und in der „Verkehrtheit seines Herzens" auch auslebt. (Kant: Die Religion innerhalb der Grenzen der bloßen Vernunft).

und seiner gottgewollten Bestimmung leben möchte und seine Verpflichtungen ihm gegenüber einseitig bricht, dann wird auch der Schöpfer handeln und in Übereinstimmung mit seinen Gesetzen ein gerechtes Urteil über diese Untreue aussprechen müssen. Denn die Gerechtigkeit Gottes[59] ist konsequent: Wenn der Mensch auf Gottes „Du sollst nicht ..." mit „Ich tue es trotzdem ..." reagiert, kann es nicht so weitergehen, als wäre nichts geschehen.

SCHAM, ENTFREMDUNG, FURCHT, FLUCHT, SCHULDZUWEISUNGEN

Als erste Auswirkung ihrer Sünde verschlechterte sich die seelische Befindlichkeit von Adam und Eva: Sie schämten sich, sie verbargen ihren gefallenen Zustand voreinander, sie versteckten sich vor Gott, sie flüchteten vor ihm, sie fürchteten sich vor ihm und schoben ihre Schuld auf andere – sogar auf Gott. Die sehr gute Schöpfung bekam Risse und Verunreinigungen.

Das „Erkennen von Gut und Böse", das Adam und Eva als so erstrebenswert erachteten, wurde von Gott zugelassen: „Da wurden ihnen beiden die Augen geöffnet [...]"[60] Die erste Folge davon war, dass sie „erkannten, dass sie nackt waren; und sie banden sich Feigenblätter um und machten sich Schurze".[61] Die Miss-achtung

---

59 Der Ausdruck „Gerechtigkeit" ist im Alten Testament grundsätzlich ein Relationsbegriff und artikuliert zunächst ein konkret-soziales Lebensverhältnis von Partnern oder Bundesgenossen; bezogen auf Gott bedeutet „Gerechtigkeit Gottes" dann Gottes bundesgemäßes Verhalten gegenüber den Menschen. (www.bibelwissenschaft.de/wibilex/das-bibellexikon/lexikon/sachwort/anzeigen/details/gerechtigkeit-gottes/ch/dd15f188699f1a9e5ac0ad5c808589f0/)

60 Mit „Augen öffnen" wie in 1Mo 3,7 ist nicht sinnliches Sehen gemeint, sondern die Offenbarung einer neuen Erkenntnis.

61 1Mo 3,7. In 1Mo 2,25 waren sie ebenfalls nackt, aber mit dem Zusatz „[...] und sie schämten sich nicht". Dieser Hinweis fehlt hier, stattdessen verbargen sie ihre Nacktheit voreinander.

von Gottes Grenze führte jetzt zu einer neuen Erkenntnis und zu ihrer ersten leidvollen Erfahrung: Sie schämten sich.[62] Sie hatten die reine Unschuld, in der sie bisher ihren nackten Zustand und ihr Verhältnis zueinander empfanden, verloren. Ihre ungetrübte Beziehung zueinander war jetzt gestört. Sie wurden sich fremd und empfanden sich als getrennt voneinander. Ihre bisherige „unschuldige" Nacktheit war nun mit der neuen Erkenntnis der verlorenen Unschuld und des schlechten Gewissens verbunden. In einer Art Notlösung bedeckten und versteckten sie ihre Nacktheit voreinander.

Vor Gott waren ihre Scham und ihr Schuldbewusstsein noch größer – Feigenblätter nützten da nichts: Sie verbargen sich selbst, d. h. ihre Existenz vor ihm, sie „versteckten sich vor dem Angesicht Gottes des Herrn hinter den Bäumen des Gartens"[63]. Denn sie fürchteten sich. Ihre Flucht vor Gott geschah aus Furcht vor Gott. Wie Adam und Eva sich nach dem Sündenfall nicht mehr selbst als Einheit empfinden konnten, so war nun auch ihre frühere, vollkommene Harmonie mit ihrem Schöpfer gestört. Sie hatten etwas getan, was sie nicht hätten tun sollen, und waren somit vom Willen Gottes und von der vollkommenen Gemeinschaft mit ihm getrennt. Und sie machten noch eine Erfahrung: Angst. Denn nun befanden sie sich außerhalb der Herrlichkeit, Majestät und Geborgenheit ihres Schöpfers. Sie hatten ihre Identität verloren, ihre Sicherheit und ihre Bedeutung. Furcht und Schuldbewusstsein und die „nackte" Scham waren also die weiteren leidvollen Erfahrungen der ersten Menschen. Das brachte sie jedoch nicht dazu, die Verantwortung für die eigenen Verfehlungen zu übernehmen. Sie zeigten keine Reue und baten Gott nicht um Vergebung. Stattdessen schoben sie die Schuld auf einen anderen: Adam auf Eva und

---

62 Schamgefühle sind heute in der westlichen Welt weitgehend verschwunden. Es herrscht eher moralische und sexuelle Bedenkenlosigkeit.

63 1Mo 3,8.

letzten Endes auf Gott, weil der ihm diese Frau gegeben hatte. Und Eva zeigte auf die Schlange. Mehr Anwesende gab es beim Sündenfall auch nicht.[64] Dem eigentlich Verantwortlichen, Adam, war jeder Schuldige recht. Nur er war's nicht.

Adam und Eva hatten vom Baum gegessen, von dem sie nicht hätten essen sollen. Und es folgte, was der Schöpfer gesagt hatte: „[...] von dem Baum der Erkenntnis des Guten und des Bösen sollst du nicht essen; denn an dem Tag, da du davon isst, musst du gewisslich sterben!" Die Sünde der Trennung von Gott setzte das in Gang, wovor der Schöpfer gewarnt hatte. Aufgrund seiner Gerechtigkeit musste es so kommen. Er hatte es gesagt und blieb schon bei der ersten Notwendigkeit seinem Wort treu. Der Sündenfall war der Beginn des körperlichen Todes von Adam und Eva. Seitdem gibt es diesen Tod in der Welt.

Die erste direkte Auswirkung der Sünde Adams und Evas war jedoch ihr geistlicher Tod. Auch das gilt von da an grundsätzlich für jeden Menschen nach ihnen: Sie sind „tot durch Übertretungen und Sünden".[65] Genau hierauf zielt die erste Frage ab, die Gott in der Bibel stellt. „Da rief Gott der Herr den Menschen und sprach: Wo bist du?"[66] Es ist nicht der Wille Gottes, dass der Mensch getrennt von ihm lebt und den Sinn des Seins nicht in ihm sucht. Denn dann ist der Mensch ein „geistlich Toter", ist verloren[67], Feind Gottes[68],

---

64 Heute hat der Mensch eine viel größere Auswahl an Schuldzuweisungen für eigene Fehler, Schuld und Misserfolge: z. B. die Erbanlagen, die ungünstige familiäre Situation, die Erziehung, das Schulsystem, das berufliche Umfeld, die Sachzwänge, die gesellschaftlichen Verhältnisse, der Staat, sogar ungünstige Sternenkonstellationen bei der Geburt. Auf jeden Fall aber irgendeinen anderen Menschen – und der lässt sich immer finden.

65 Eph 2,1.

66 1Mo 3,9.

67 Mt 18,11.

68 Röm 5,10.

unter Sünde und abgewichen[69]; sein Verstand ist verfinstert, seine Gesinnung ist Rebellion gegen Gott. Die eigentliche und endgültige Strafe Gottes für Rebellion wird am Tag des Gerichts ausgesprochen: die Hölle – der Ausschluss von Gottes liebender Gegenwart und der Fall in den ewigen und qualvollsten Zustand, in dem sich ein Mensch befinden kann.

Die Entscheidung von Adam und Eva bedeutete die Scheidung von Gott. „Nicht die Weltlust, sondern das Streben nach unbedingter Freiheit, das Autonomiestreben, der Wille des Pächters, selbst Herr zu sein, ist die Wurzel der Sünde. Erst durch diese Emanzipation vom Schöpfer entsteht die falsche Beziehung zum Mitgeschöpf, die Weltsucht und die Selbstsucht, das falsche Lustbegehren und die Zerstörung der Gemeinschaft durch die Vergötzung des Ichs.“[70]

Aber der Schöpfer hat sich nie vom Menschen getrennt. Dieser hat seit Adam und Eva eine sündige Natur. Trotzdem hat er nie aufgehört, sein Geschöpf zu lieben. Und wird es nie tun. Er ruft deshalb jeden Menschen ins Leben zurück – in die Verbindung zu ihm in dieser Weltzeit und zum Leben bei ihm in der kommenden Ewigkeit. Und es gibt einen Weg zurück: Jesus Christus, der von sich sagt: „Ich bin der Weg und die Wahrheit und das Leben; niemand kommt zum Vater als nur durch mich!“[71] Durch den Glauben an Jesus kommt der geistlich tote Mensch durch die Gnade Gottes wieder in eine Lebens- und Liebesbeziehung zu seinem Schöpfer und wird am Ende der Zeit auch körperlich als unsterbliches Wesen sein Leben bei ihm genießen – von Angesicht zu Angesicht. So, wie Gott es schon im Anfang vorgesehen hatte.

---

69 Röm 3,12.

70 Emil Brunner: Offenbarung und Vernunft, Wissenschaftliche Buchgesellschaft Darmstadt 1961, S. 65.

71 Joh 14, 6. Siehe auch Joh 3,18; Röm 10,13.

MÜHSAL, SCHMERZEN, TOD

Ihre Rebellion gegen ihren Schöpfer zerstörte die Gemeinschaft von Adam und Eva mit ihm. Ihre Sünde war die Verweigerung der gehorchenden Beziehung zu Gott. Als Folge davon zerbrach auch die Gemeinschaft untereinander; sie haben nicht nur den Halt in Gott, sondern auch den gegenseitigen Zusammenhalt verloren. Die Folge davon, dass sie nicht mehr unter und durch Gott, sondern ohne ihn frei sein wollten, war seelisches Leid.

Zudem musste der Schöpfer einschreiten. Als gerechter Gott konnte er weder die Hinterlist der Schlange noch die Rebellion von Adam und Eva durchgehen lassen. Die Konsequenzen zeigten sich in den ersten Fluch- bzw. Gerichtsworten Gottes, in der ersten messianischen Weissagung und in den ersten Strafen für die Menschen wegen ihrer Sünde.

Als Erste wurde die Schlange verflucht: „Da sprach Gott der Herr zur Schlange: Weil du dies getan hast, so sollst du verflucht sein mehr als alles Vieh und mehr als alle Tiere des Feldes! Auf deinem Bauch sollst du kriechen und Staub sollst du fressen dein Leben lang!"[72]

Wie später in der Bibel deutlich wird, war die Schlange Symbol[73] für Satan, den „Bösen", und im Paradies sein Werkzeug, mit dem er Eva manipulierte und sie auf „listige" Weise zur Gesetzesübertretung verführte. Obwohl zu einer Verführung immer zwei gehören, wurde zuerst über die Schlange ein Fluchwort ausgesprochen, denn sie war der Ausgangspunkt des Sündenfalls. Die Schlange im Paradies wurde verurteilt, weil sie Satans Mittel zum Zweck

---

72 1Mo 3,14.

73 Satan war als gefallener Engelfürst Gottes schon vor der Schöpfung anwesend (Jes 14,12f), ebenso im Garten Eden (Hes 28,13); er ist der verführende „Fürst dieser Welt" (Joh 14,30) und wird bei Christi Wiederkunft für 1000 Jahre in den Abgrund und danach endgültig in den Feuer- und Schwefelsee geworfen (Offb 20,3; 20,10).

war. Sie wurde in ihrem Sein gedemütigt, buchstäblich „erniedrigt“ – sie soll nun auf dem Bauch kriechen und Staub fressen, ihr Leben lang. Die eigentliche, weil heilsgeschichtlich bedeutsame Botschaft richtete sich jedoch an Satan, den Drahtzieher hinter der Schlange: Gott setzt eine Feindschaft zwischen Satan und Eva, d. h. zwischen einem bestimmten Nachkommen Satans und einem bestimmten Nachkommen Evas. Und hier spricht der Schöpfer die erste messianische Prophetie aus: Dieser Nachkomme[74] der Frau wird Satan besiegen[75], vorher wird Satan ihn verwunden.[76]

Bei der ersten Strafe für menschliche Sünde tauchen auch zum ersten Mal die Begriffe „Mühen“ und „Schmerzen“ auf: „Und zur Frau sprach er: Ich will die Mühen deiner Schwangerschaft sehr groß machen; mit Schmerzen sollst du Kinder gebären.“[77]

Mühen während der Schwangerschaft und Schmerzen bei der Geburt[78] – was für Eva kurz vorher noch „gut“ war, „eine Lust für die Augen“ und „begehrenswert“, und weshalb sie das Gebot Gottes übertrat, hatte körperliches Leid zur Folge. Satan hatte nur verlockend Angenehmes, nur Lust und Genuss versprochen[79] – alles

---

74 Jesus Christus.

75 Und der Teufel „wurde in den Feuer- und Schwefelsee geworfen“ und wird „gepeinigt werden Tag und Nacht, von Ewigkeit zu Ewigkeit“ (Offb 20,10).

76 „[...] in die Ferse stechen“ (1Mo 3,15). Jesus wurden bei der Kreuzigung die Füße durchbohrt.

77 1Mo 3,16. Rahel, die Frau Jakobs, starb bei der Geburt von Benjamin. Über Angst und Schmerzen bei der Geburt sprechen auch Jesaja (13,8; 42,14) und Johannes (16,21).

78 Das bedeutet nicht, dass Schwangerschaft und Geburt nur mit Leid und Sorgen verbunden sind. Freude und unbeschreibliche Glücksgefühle gehören genauso dazu (Joh 16,21). Vor allem jedoch Dankbarkeit dafür, ein Geschöpf Gottes zur Welt bringen zu können, als auch dafür, eins zu sein: „Du hast mich geschaffen – meinen Körper und meine Seele, im Leib meiner Mutter hast du mich gebildet. Herr, ich danke dir dafür, dass du mich so wunderbar und einzigartig gemacht hast!“ (Ps 139,14; Hfa).

79 Und nur Satan ist ein Verführer: „Niemand sage, wenn er versucht wird: Ich werde von Gott versucht. Denn Gott kann nicht versucht

nur Lüge. Sünde erscheint erstrebenswert, die göttlichen Konsequenzen, die Sünde mit sich bringt, sind es garantiert nicht.

Direkt anschließend im selben Vers spricht Gott auch die Konsequenzen des Sündenfalls für das Verhältnis zwischen Adam und Eva an. Eva sagt er voraus: „[...] dein Verlangen wird auf deinen Mann gerichtet sein [...]“[80] Die Frau wird danach streben, ihren Mann zu kontrollieren und zu beherrschen und auch die geistliche Leitung zu übernehmen. So, wie sie schon bei der Verführung durch die Schlange ohne Adam entschieden und damit gegen Gottes Gesetz verstoßen hatte, so wird die Frau weitermachen wollen: nicht vor allem Ergänzung und Gehilfin[81] des Mannes zu sein, sondern sich über ihn zu setzen – über ihn zu bestimmen und seine „Herrin“ zu sein. Ihr Bemühen darum wird aber erfolglos bleiben, denn über den Mann wird gesagt: „[...] er aber wird über dich herrschen!“[82] Man darf dies nicht etwa als Freibrief zu einer diktatorischen Unterdrückung der Frau missverstehen. „Herrschaft“ im göttlichen Sinn ist immer die Herrschaft eines weisen, liebenden, gerechten und darin konsequenten Königs. Der Mann soll also seiner Frau nicht die Führungsrolle überlassen, sondern seine Rolle ist die des Beschützers der Frau und des Verantwortlichen vor Gott für das harmonische Verhältnis von Mann und Frau im Sinne von „ein Fleisch sein“.[83] Und dazu gehört, dass er den

---

werden zum Bösen, und er selbst versucht auch niemand; sondern jeder einzelne wird versucht, wenn er von seiner eigenen Begierde gereizt und gelockt wird. Danach, wenn die Begierde empfangen hat, gebiert sie die Sünde; die Sünde aber, wenn sie vollendet ist, gebiert den Tod“ (Jak 1,13f).

80 1Mo 3,16. Die gleiche Wortwahl und die Bedeutung von „Verlangen“ i.S.v. „beherrschen“ auch in 1Mo 4,7, wo der Herr zu Kain sagt, dass die Sünde das Verlangen hat, Kain zu kontrollieren, er solle aber über sie herrschen.

81 Wörtlich: „ein Gegenüber zum Ganzsein“.

82 1Mo 3,16 (Rev. Elberfelder).

83 1Mo 2,24.

Machtwillen und den Machtanspruch der Frau über ihn liebevoll, aber konsequent abwehrt und mit Autorität darüber wacht, dass beide Geschlechter im gemeinsamen, sich ergänzenden Dienst für Gott[84] von ihm wiederum vor ihrer Sündhaftigkeit geschützt werden können.

Die Zuweisung unterschiedlicher Aufgabenbereiche für Adam und Eva bzw. für Mann und Frau „jenseits von Eden" zeigt sich auch in der Strafe für Adam: „Und zu Adam sprach er: Weil du der Stimme deiner Frau gehorcht und von dem Baum gegessen hast, von dem ich dir gebot und sprach: ‚Du sollst nicht davon essen!', so sei der Erdboden verflucht um deinetwillen! Mit Mühe sollst du dich davon nähren dein Leben lang; Dornen und Disteln soll er dir tragen, und du sollst das Gewächs des Feldes essen. Im Schweiße deines Angesichts sollst du [dein] Brot essen."[85]

Adam war dem Schöpfer gegenüber dafür verantwortlich, dass seine Gebote eingehalten werden. Er hätte die Verführung Evas verhindern müssen, stattdessen ließ er sich selber verführen. Und auch seine Strafe hat, wie bei Eva, mit körperlichem Leid zu tun: Er wird einen „verfluchten" Boden voller Unkraut mühselig, schweißtreibend und ermüdend bearbeiten müssen. Arbeit an sich ist kein Fluch, aber ab jetzt wird der Mensch sich anstrengen müssen, um sich ernähren zu können.

Nun sind die unterschiedlichen Funktionen und Aufgabenbereiche des Menschenpaares und die Zuordnung zueinander festgelegt:

Der Frau wird die Aufgabe gegeben, Mutter alles Lebendigen zu sein und sich der liebenden Schutz-Verantwortung des Mannes unterzuordnen; der Mann soll diese Verantwortung

---

84 Als Jesusnachfolger sind Mann und Frau „im Herrn" gleichrangig – der Mann jedoch als Mann und die Frau als Frau. Die schöpfungsbedingten Unterschiede und Rollen bleiben bestehen (1Kor 11,7-12).

85 1Mo 3,17-19.

übernehmen, zudem wird ihm die schwere Arbeit für das tägliche Brot zugewiesen.[86]

Die zweite existentielle Folge des Sündenfalls der ersten Menschen war ihr Fall aus dem gottgewollten ewigen Leben mit ihm in die Sterblichkeit und in den physischen Tod: „Im Schweiße deines Angesichts sollst du [dein] Brot essen, bis du wieder zurückkehrst zum Erdboden; denn von ihm bist du genommen. Denn du bist Staub, und zum Staub wirst du wieder zurückkehren!“[87] Es ist nicht nur vorbei mit dem direkten, innigen Leben beim Schöpfer, diesem geistlichen Tod folgt auch der körperliche. Die zwei Gerichtsurteile des Schöpfers – die Trennung von der direkten Herrlichkeit mit ihm und die Sterblichkeit – betreffen seitdem alle Menschen. Nur durch den Glauben an Christus kann dieser doppelte Verlust wieder rückgängig gemacht werden.

Grundsätzlich wird das Leben aber nun eine Reise, die tödlich endet. Zudem verändert sich die Landschaft. Denn der Sündenfall Adams und Evas hatte auch Auswirkungen auf die nicht-menschliche Schöpfung: Weil mit der Sünde Adams und Evas der Tod in ihr Leben und damit in das Leben aller Menschen kam, hat Gott auch in die nicht-menschliche Schöpfung abbauende Kräfte und Tod gelegt. „Wenn das Wichtigste ‚verdorben‘ ist, ist alles verdorben, was mit ihm verbunden ist – eben die ganze Schöpfung.“[88] Von einer „abgefallenen Schöpfung“ zu sprechen ist deshalb nur richtig, wenn damit die ersten Menschen gemeint sind. Die nicht-menschliche Schöpfung selbst ist nicht von Gott abgefallen, sie hat keine Schuld, hat nicht gesündigt. Doch als Gericht über den Sündenfall

---

86 Mit ihren unterschiedlichen persönlichen Lebensaufgaben sollen sie sich als Partner ergänzen und eine gemeinsame Aufgabe erfüllen: „Einer ordne sich dem andern unter in der gemeinsamen Ehrfurcht vor Christus“ (Eph 5,21, Einheitsübersetzung).

87 1Mo 3,19.

88 Reinhard Junker: Sündenfall und Biologie, Hänssler Verlag, 1993, S. 26.

wurden nicht nur die Menschen sterblich, sondern der Schöpfer setzte auch in ihre Umwelt Vergänglichkeit und Tod.

Der jetzt nicht mehr vollkommene, sondern ambivalente, zwischen Gut und Böse hin- und hergerissene Mensch befindet sich nun auch in einer Schöpfung mit gegensätzlichen Erscheinungsformen: Die nicht-menschliche Natur ist unbeschreiblich schön, verschwenderisch vielfältig und erkennbar vom Schöpfer perfekt auf die Bedürfnisse des Menschen ausgerichtet[89]. In ihr herrschen jedoch auch Zerstörungskräfte, Zerfall, Unberechenbarkeit, Krankheit, Leid und Tod. Die Schöpfung als Ganzes hat ihr paradiesisches „Sehr gut" verloren. Spuren der ursprünglichen Schönheit und Zweckmäßigkeit als Werk Gottes sind jedoch immer noch deutlich zu erkennen. Aber grundsätzlich muss die Menschheit damit leben, dass ihr Dasein von einer unberechenbaren und zerstörerischen Schöpfung bedroht ist. Wobei es nicht möglich ist, sie aus eigener Kraft wieder zu optimieren oder gar ein Paradies auf Erden herbeizuführen.

GOTT IST LIEBE

Der Gott der Bibel ist das einzige verehrte göttliche Wesen, das eine personhafte Existenz besitzt. Er ist entscheidungsfähig, er handelt, spricht, fühlt – und vor allem: Er ist ein liebender Gott. Deshalb auch ein Gott, der geliebt werden kann. Mehr noch: geliebt werden soll. Das grundsätzliche Gebot für Israel lautete: „Höre Israel, der Herr ist unser Gott, der Herr allein! Und du sollst

89 In der Schöpfung ist die Handschrift des Schöpfers zu erkennen: „Die Himmel erzählen die Ehre Gottes und die Feste verkündigt seiner Hände Werk" (Ps 19,2). Auch in Röm 1,20: „[...] denn sein unsichtbares Wesen, nämlich seine ewige Kraft und Gottheit, wird seit Erschaffung der Welt an den Werken durch Nachdenken wahrgenommen, sodass sie keine Entschuldigung haben."

den Herrn, deinen Gott, lieben mit deinem ganzen Herzen und mit deiner ganzen Seele und mit deiner ganzen Kraft."[90] Und dem Volk, das ihn lieben soll, sagt Gott: „Mit ewiger Liebe habe ich dich geliebt; darum habe ich dich zu mir gezogen aus lauter Gnade."[91]

Seit der Erschaffung von Himmel und Erde ist der Schöpfer erkennbar mit Liebe gleichzusetzen. Er *hat* nicht nur ein liebevolles und gütiges Verhältnis zu den Menschen, sondern er *ist* Liebe. Es ist sogar ein Grundzug seines göttlichen Handelns, dass er seine Fähigkeiten wie Allmacht und Allwissenheit der Liebe unterordnet. Sie ist Gott wichtiger als alle anderen Wesensmerkmale und Fähigkeiten. Sie ist aber auch der Grund dafür, dass Gott leidet. Nicht in dem Sinn, dass ihm Leid geschieht und er nichts dagegen tun kann, sondern er ist bereit, trotz Allmacht zu leiden. Aus Liebe.

Denn ist es denkbar, dass Gott ein Gebot ausspricht und dann völlig überrascht ist, wenn es nicht eingehalten wird? Der Gott, der nicht nur Allmacht besitzt, sondern auch allwissend ist und über den später gesagt wird, dass kein Sperling vom Himmel fällt ohne ihn? Nein, der Schöpfer wusste, was geschehen wird. Und er ließ es zu; er gab den ersten Menschen die Freiheit, zu entscheiden. Weil Gott Liebe ist und weil Liebe nur in freier Entscheidung erwidert werden kann.

Und ist es etwa möglich, dass Satan, „der Böse", der als rebellierender Lichtengel aus der direkten Gegenwart Gottes verstoßen wurde, trotzdem noch im Paradies anwesend ist und die vom Schöpfer erschaffenen Menschen beeinflussen kann, ohne dass Gott wusste, dass es geschehen würde? Nein, denn der Gott, der Liebe ist, lässt das Böse zu, damit eine Entscheidungswahl stattfinden kann. Die Freiheit, zu entscheiden, braucht die Wahlmöglichkeit. Die Entscheidung, in Freiheit den liebenden Gott zurückzulieben und seinem Gebot zu gehorchen oder nicht, konnten Adam

---

90 5Mo 6,4f.

91 Jer 31,3.

und Eva nur treffen, weil ihr Schöpfer ihnen aus Liebe diese Wahlmöglichkeit gab.

War ihr Schöpfer also überrascht, als seine beiden Geschöpfe seinem Gebot nicht folgten und bei ihm blieben, sondern sich zum Verbot hin- und von ihm abwandten? Oder liegt es nicht näher zu denken, dass Gott wusste, was er tat, als er den ersten Menschen die Entscheidungsfreiheit gab, sich entweder an sein Gebot zu halten oder sich dem satanischen Einfluss anzuschließen und genau das zu tun, was sie nicht tun sollten? Im Grunde war es eine einfache, eingeschränkte Wahl, eine Entweder-oder-Entscheidung. Aber eine, bei der es existenziell um den Fortgang der Schöpfung ging. Es war eine alles entscheidende Wahl: Gott zu lieben und ihm zu gehorchen oder nicht. Es war eine Entscheidung fällig zwischen dem Guten und dem Bösen. Auch diese Entscheidungsmöglichkeit entsprach zweifellos – ebenso wie die ganze Schöpfung – dem Urteil Gottes, dass alles „sehr gut" war. Sie war sehr gut, weil sie seiner Liebe entsprang.

Gott erschafft mit der sehr guten Schöpfung etwas ganz anderes, nämlich Nicht-Göttliches. Die erschaffenen Menschen sind keine Variante, Spielart oder Erweiterung des Göttlichen. Diese Geschöpfe sind zwar eine lebendige Seele und haben Ähnlichkeiten mit Gott durch Verstand, Wille und Gefühl; sie haben auch ein Mitwissen mit Gott durch ihr Gewissen, das ihnen sagt, was gut und was böse ist. Aber sie sind nicht wesensgleich mit ihrem Schöpfer und haben auch keine göttlichen Fähigkeiten und Eigenschaften. Den also nicht allmächtigen, nicht allwissenden und nicht vollkommen weisen Menschen gibt er aber dennoch die Freiheit, eigenständig entscheiden zu können. Und so kommt es zu einem spannungsgeladenen Verhältnis: Der Schöpfer, der allwissend ist, erschafft Geschöpfe, die danach nichts von seinem Gebot bzw. Verbot wissen wollen. Der Schöpfer, der allmächtig ist, erschafft Geschöpfe, die sich willentlich von ihm abwenden. Und vor allem: Der Schöpfer, der Liebe ist, erschafft Menschen mit der Fähigkeit, ihn nicht zu lieben, sich seinen Anordnungen zu widersetzen und sich von ihm zu trennen. Für den Schöpfer bedeutet das: Er verzichtet auf eine uneingeschränkte Verfügungsmacht über seine Geschöpfe. Oder anders gesagt: In Ausübung seiner Allmacht begrenzt er sich selbst. Er möchte ein Gegenüber haben, das ihn liebt – und Liebe ist eine freie Entscheidung.

Für die ersten Menschen ging es um den vertrauenden Gehorsam innerhalb der von Gott gesetzten Grenzen. Gott will herrschen, aber über einen Menschen, der freiwillig gehorcht. Diese Art der Beziehung ist einzigartig: Nie gab es in politischen, in gesellschaftlichen und erst recht nicht in religiösen Strukturen Abhängigkeiten, die frei machten. Nur der Gott der Bibel ermöglicht eine befreiende Bindung. Nur in dieser Beziehung ist der Mensch wirklich frei: befreit von zerstörerischer Selbstbestimmung und frei zum erfüllten Leben im guten Willen Gottes – wenn der Mensch will.

Für den Schöpfer bedeutet das: Er verzichtet darauf, der allmächtige Gott zu sein, der er eigentlich ist. Hier geschieht zum ersten Mal das, was im Leben Jesu und in seinem Tod am Kreuz seinen Höhepunkt erreichen wird und was der Apostel Paulus später „Selbstentäußerung"[92] nennt: Verzicht auf Macht aus Liebe.

Doch wenn Gott zu einer so intensiven Gefühlsregung wie Liebe fähig ist, dann bedeutet das: Er ist nicht gefühlskalt, nicht gleichgültig gegenüber seinen Geschöpfen, sondern sein Verhältnis zu ihnen ist auch ein emotionales. Der Schöpfer reagiert mit unterschiedlichen Gefühlen auf Verhaltensweisen des von ihm geschaffenen, widersprüchlichen Menschen. Schon kurz nach dem Sündenfall von Adam und Eva, „als sich die Menschen zu mehren begannen auf der Erde und ihnen Töchter geboren wurden"[93], zeigte der Schöpfer die ersten starken Gefühlsregung: Es „reute

---

92 Griech. „kenosis", Selbstentsagung oder Selbstbegrenzung Gottes, keine Entsagung der Göttlichkeit. Hauptsächlich bezogen auf die „Entäußerung" Christi bei seiner Menschwerdung und im Kreuzestod, also seine Hingabe unter den Willen des Vaters (Phil 2,7) .

93 1Mo 6,1.

den Herrn, dass er den Menschen gemacht hatte auf der Erde und es betrübte ihn in seinem Herzen"[94], weil „die Bosheit des Menschen sehr groß war auf der Erde und alles Trachten der Gedanken seines Herzens allezeit nur böse."[95] Der Schöpfer bereute nicht, den Menschen erschaffen zu haben in dem Sinne, dass es ein Fehler gewesen wäre. Sondern „es betrübte ihn in seinem Herzen", dass die Menschen einen falschen Weg gewählt hatten, dass ihre Grundhaltung „allezeit" nur „böse" war und sie die Welt komplett verdorben hatten und diese nun „voller Frevel" war. Wegen dieser Sünde mussten sie Leid ertragen: die Sintflut, die nicht nur alle Menschen bis auf die Familie Noahs „vertilgte", sondern auch alles „Vieh", alles „Gewürm", „bis zu den Vögeln des Himmels".[96] Gerettet war nur, was Noah auf Anordnung des Schöpfers in seine Arche mitnahm. Weil der Schöpfer heilig ist, musste er seiner Gerechtigkeit Genüge tun und Sünde mit dem Tod bestrafen, gleichzeitig taten ihm die Menschen leid. Er hätte es gerne anders gehabt, doch nun leidet auch er wegen des Leids der Menschen.

Dabei hatte der dreieinige Gott keinen Grund, an seinem ewigen Sein etwas zu ändern. Er war in sich schon in Liebe vollkommen. Da war kein Mangel, es musste nichts hinzugefügt werden; die drei Personen der Gottheit durchdrangen sich in bedürfnisloser Einheit. Der dreieinige Gott existierte in vollkommener Herrlichkeit, Reinheit und Liebe.[97]

---

94 1Mo 6,6. In anderen Übersetzungen: „Es bekümmerte ihn in sein Herz hinein", „es tat seinem Herzen weh", „es schmerzte ihn bis in sein Innerstes hinein".

95 1Mo 6,5.

96 1Mo 6,7. Auch hier ist, wie beim Sündenfall der ersten Menschen, die gesamte Schöpfung von der Strafe Gottes betroffen.

97 Diese Worte sind Ausdruck menschlichen Denkens. Es sind Hilfskonstruktionen, um sich vorstellen zu können, wie das Verhältnis der drei göttlichen Personen zueinander sein könnte. Doch der Mensch ist nicht Gott und kann darüber nichts wissen.

Es liegt in Gottes unergründlicher Weisheit, an die menschliche Überlegungen nicht herankommen, dass er aus dieser Liebe heraus anderes schafft: den Menschen, der seine Liebe nicht erwidert. Gottes Liebe bleibt einseitig, es kommt vom Menschen nichts zurück, im Gegenteil: Dieser missbraucht seine von Gott gegebene Freiheit, um sich vom Schöpfer und seiner Liebe zu lösen. Und Gott leidet. Er leidet wegen der nicht erwiderten Liebe seiner Geschöpfe. Und er leidet, weil auch die gefallene Menschheit als Folge ihrer Bosheit leidet. Das alles wegen des Grundzugs seines Wesens: Liebe.

Es gibt in der Bibel nur *einen* ursächlichen Zusammenhang zwischen Sünde und Leid: Weil Adam und Eva den Willen Gottes missachtet und sich gegen Gottes Gebot entschieden, also gesündigt haben, sind alle Menschen von Gott getrennt. Ihr geistlicher Zustand ist die Feindschaft gegen Gott. Die zweite Auswirkung der Sünde der ersten Menschen war die Einbuße der ursprünglichen körperlichen Unversehrtheit. Der Mensch führt nun ein „Sein zum Tode" (Heidegger) mit allen Übeln und Gefahren, die sein Leben bedrohen können, wie z. B. Krankheiten oder äußerliche Gewaltanwendung. Zudem ist auch die nicht-menschliche Schöpfung nicht mehr vollkommen. In ihr zu leben ist nun für den Menschen mühsam und leidvoll und kann tödlich sein. Das ist unsere Welt – die Welt des ersten Adam.

GOTT SPRICHT

Kaum waren Adam und Eva aus dem Paradies vertrieben, kam es zum ersten vorsätzlichen Tötungsdelikt: Kain brachte Abel um. Es war Mord aus religiösen und niedrigen Beweggründen: Neid und Missgunst. Gott ließ es zu. Und niemand fragte: „Warum?" Aber das sollte sich ändern.

Gott ist nach dem Sündenfall nicht abwesend, sondern weiterhin hochgradig aktiv. Dass der Mensch sich seiner Liebe verweigert hat, heißt nicht, dass Gott das Gleiche tut. Aber welche Rolle spielt er dann noch, wenn alles ist, wie es nach seinem „Ratschluss“ geworden ist? Wenn Mensch und nicht-menschliche Natur Tod und Leid ausgesetzt sind, weil er es so festgesetzt hat? Was hat der Schöpfer dann überhaupt noch zu tun? Haben wir einen Gott, der alles so laufen lässt, weil es sein Wille war und bleibt? Haben wir einen Gott, der den Sündenfall erst geschehen ließ, daraufhin Fluch und Strafen aussprach und sich dann durch Abwesenheit aus allem raushält? Nein, denn Gott ist weiterhin Liebe. An seiner Liebe zu den Menschen ändert sich nichts, sein ganzes Wollen und Handeln bleiben auf die Menschen ausgerichtet. Er will sie wieder in die Gemeinschaft mit ihm zurückholen und wieder mit ihm versöhnen: Er schließt einen Bund mit Noah, Abraham und Mose, er gibt dem Volk Israel „Gebote, Satzungen und Rechtbestimmungen“, spricht Verheißungen und Warnungen aus, kündigt Segen für Gehorsam und Fluch für Ungehorsam an.

Aber trotz aller Heiligkeit, Liebe, Weisheit, Treue, Barmherzigkeit und Gerechtigkeit handelte Gott anscheinend nicht immer zur Freude und Zufriedenheit der Menschen. In den Psalmen und den Büchern der Propheten wird er in höchster Dringlichkeit angerufen und man klagt, er sei unzuverlässig, unberechenbar und ungerecht und würde größte Not erst zulassen und dann die Klagenden und Hilfesuchenden in ihrem Schmerz durch sein Schweigen und seine Passivität im Stich lassen.

Nur die Bibel berichtet von einem Gott, der sich auf Fragen und Diskussionen mit denen einlässt, die an ihn glauben. Innerhalb der anderen sog. Weltreligionen ist die einzige Art der Kommunikation mit Gott bzw. Göttern das Bitt-, Dank- und Lobgebet oder -opfer.

Nur der Gott der Bibel offenbart sich als liebender und dialogischer Gott. Er redet, lässt sich ansprechen und antwortet. Und er sagt, was er von seinem Volk erwartet. Nach den Zehn Geboten und bevor sein Volk in das Land zieht, das er ihm zugesprochen hat, erneuert er den Bund vom Berg Sinai und teilt seinem Volk die Grundsätze der gegenseitigen Beziehung mit: „Und dies ist das Gebot, die Satzungen und die Rechtsbestimmungen, die der Herr, euer Gott, euch zu lehren geboten hat, dass ihr sie tun sollt in dem Land, in das ihr zieht, um es in Besitz zu nehmen; dass du den Herrn, deinen Gott, fürchtest und alle seine Satzungen und Gebote hältst, die ich dir gebiete, du und deine Kinder und deine Kindeskinder alle Tage deines Lebens, damit du lange lebst. So höre nun, Israel, und achte darauf, sie zu tun, damit es dir gut geht und ihr sehr gemehrt werdet, so wie es der Herr, der Gott deiner Väter, verheißen hat, in einem Land, in dem Milch und Honig fließt. Höre Israel, der Herr ist unser Gott, der Herr allein! Und du sollst den Herrn, deinen Gott, lieben mit deinem ganzen Herzen und mit deiner ganzen Seele und mit deiner ganzen Kraft. Und diese Worte, die ich dir heute gebiete, sollst du auf dem Herzen tragen, und du sollst sie deinen Kindern einschärfen und davon reden, wenn du in deinem Haus sitzt oder auf dem Weg gehst, wenn du dich niederlegst und wenn du aufstehst; und du sollst sie zum Zeichen auf deine Hand binden, und sie sollen dir zum Erinnerungszeichen über den Augen sein; und du sollst sie auf die Pfosten deines Hauses und an deine Tore schreiben."[98]

Gottesfurcht und Gehorsam waren Voraussetzungen für Segen, dazu kam das Gebot, den Herrn zu lieben und sein Wort zu befolgen und zu bewahren.

Gott spricht zu seinem Volk. Und es sind die Propheten[99], die vor allem während der Zeit des geteilten Landes unter der Herrschaft der Könige von Israel und Juda seinen Willen weitergaben. Sie wurden von ihm als Botschafter eingesetzt[100], sie vertraten Gott vor dem Volk und übermittelten ihm in Notzeiten und in Zeiten

98 5Mo 6,1-9.

99 Es gab auch Prophetinnen: Mirjam, Debora und Hulda.

100 Einige auch gegen ihren Willen, wie bei Jeremia und Jona. Schon der erste Prophet, Mose, sträubte sich, seinen Dienst anzutreten.

moralischen und geistlichen Verfalls seinen Willen, seine Mahnungen, Verheißungen und Warnungen sowie die Konsequenzen für Ungehorsam.

Prophet zu sein bedeutete jedoch nicht, Gottes Verhalten immer nachvollziehen zu können. Oft verstanden diese Botschafter Gottes nicht, warum er etwas tat oder nicht tat. Aber sie scheuten sich auch nicht, vor Gott zu treten und zu fragen: „Warum?“, „Wie lange noch?“, „Wann?“, „Wo ist der Herr?“ Sie klagten darüber, dass er in Not, Gefahr, Bedrohung oder Abfall des Volkes von seinem Gesetz und Willen anscheinend nicht einschritt, und erwarteten eine Begründung von ihm. Oder sie beklagten sich über die Art und Weise, wie er handelt. Sie verlangten von Gott genauso intensiv Auskunft, wie sie ihn um Hilfe anflehten. Andererseits lagen sie im Konflikt mit den Priestern und Königen, die sie zu Recht für den verwahrlosten geistlichen Zustand und dem Leid des Volkes Gottes verantwortlich machten. Propheten waren die einsamen, leidenden Rufer, die niemand hören wollte. Eine undankbare Aufgabe.

In den Psalmen sind sowohl Klagen und Hilfeschreie wegen des Leids des Volkes Gottes zu hören als auch wegen bedrückender persönlicher Umstände. David und andere Psalmisten bitten für Israel bzw. Juda: „Herr, erhebe dich! Warum schläfst du? Wache auf und verstoße uns nicht für immer!“[101], „Schaffe uns Hilfe in der Drangsal; Menschenhilfe ist ja nichtig!“[102], „O Gott, warum hast du [uns] verworfen für immer [...]“[103], „Wird denn der Herr auf ewig verstoßen und niemals wieder gnädig sein?“[104], „Wie lange, o Herr? Willst du ewiglich zürnen? Warum sollen die Heiden sagen: ‚Wo ist [nun] ihr Gott?‘ “[105]

101 Ps 44.
102 Ps 60.
103 Ps 74.
104 Ps 77.
105 Ps 79.

Vor allem David wendet sich auch in seiner persönlichen Not an den Herrn: „Ich bin müde vom Seufzen; ich schwemme mein Bett die ganze Nacht, benetze mein Lager mit meinen Tränen“[106], „Wie lange, o Herr, willst du mich ganz vergessen? Wie lange verbirgst du dein Angesicht vor mir? Wie lange soll ich Sorgen hegen in meiner Seele, Kummer in meinem Herzen tragen Tag für Tag?“[107]; „Mein Gott, mein Gott, warum hast du mich verlassen? Warum bleibst du fern von meiner Rettung, von den Worten meiner Klage?“[108]; „Sei mir gnädig, o Herr, denn mir ist angst; vor Gram sind schwach geworden mein Auge, meine Seele und mein Leib“[109]; „Mein Herz bebt in mir, und die Schrecken des Todes haben mich überfallen; Furcht und Zittern kommt mich an, und Schauder bedeckt mich“[110]; „Wann wirst du mich trösten?“[111]

Von allen Büchern des Alten Testaments sind die Psalmen dasjenige, das am meisten Leid zum Thema hat.[112] Doch eins ist typisch für David, Asaph und andere Psalmisten: Auch im größten Leid und tiefstem Verloren- und Verlassenheitsgefühl wenden sie sich voller Vertrauen an Gott und sind sicher, dass er helfen wird. Manchmal stellen sie seine Hilfe und Rettung sogar als beschlossen fest, obwohl sie noch gar nicht sichtbar ist.

Adam und Eva nahmen das Leid, den Tod ihres Sohnes Abel, noch fraglos hin. Aber es dauerte nicht lange, bis die Menschen die Gründe für das Tun oder Lassen Gottes erklärt haben wollten. Sie erwarteten, dass es im Verhältnis zwischen ihnen und Gott gerecht zugehe. Wenn sie meinten, dass der Herr sich nicht daran hielt, fragten sie nach. Und das Volk Gottes musste lernen: Gott ist gerecht.

---

106 Ps 6.

107 Ps 13.

108 Ps 22.

109 Ps 31.

110 Ps 55.

111 Ps 119.

112 Dann folgen Jesaja, Jeremia und Hiob.

Während es bei Adam und Eva unter der verführerischen Einwirkung Satans um eine einzige grundsätzliche Entscheidung ging, nämlich Gott zu gehorchen oder nicht, werden dem Volk Israel Gebote, Satzungen und Rechtsbestimmungen gegeben, mit denen Jahwe die Art der Beziehung seines Volkes zu ihm, untereinander und gegenüber heidnischen Völkern festlegt; sein Volk bekommt Informationen über die Gerechtigkeit Jahwes: Segen für Gehorsam und Fluch für Ungehorsam – mit genau beschriebenen Folgen. Im Unterschied zu Adam und Eva werden die Israeliten von Gott auch aufgerufen, ihn zu lieben – mit ganzem Herzen, ganzer Seele und ganzer Kraft. Leid und Tod hängen davon ab, ob das Volk Gottes ihm und seinen Geboten in Liebe treu ist oder nicht. Wenn sie es sind, bewahrt er sie in Gnade, er bestraft aber die mit Tod, die es nicht sind.[113]

WARUM MUSS DER GERECHTE LEIDEN?

Ein Leidender im Alten Testament hatte mit der Gerechtigkeit Gottes ganz besonders Probleme. Seine Vorstellung von Gerechtigkeit ließ sich ganz und gar nicht mit dem vereinbaren, was plötzlich auf ihn zukam. Für die Theologie des Leidens ist dieser an Körper und Seele und an der Gerechtigkeit Gottes Leidende bis heute prägend: Hiob, der bekannteste Ankläger Gottes.

Als hochangesehener Mann mit großem Reichtum wird ihm – mit Duldung Gottes – von Satan Schlag auf Schlag alles genommen: seine Herden, seine Dienerschaft, seine sieben Söhne und drei Töchter. Hiobs Antwort: „Da stand Hiob auf und zerriss sein Gewand und schor sein Haupt; und er warf sich auf die Erde nieder und betete an. Und er sprach: Nackt bin ich aus dem Leib meiner Mutter gekommen; nackt werde ich wieder dahingehen. Der Herr

113 5Mo 7,9f.

hat gegeben, der Herr hat genommen; der Name des Herrn sei gelobt! Bei alledem sündigte Hiob nicht und verhielt sich nicht ungebührlich gegen Gott."[114]

Hiob nahm gerne und gottesfürchtig das Gute vom Herrn an; er war aber auch bereit, es sich von ihm ohne Vorwurf wegnehmen zu lassen. Das reichte Satan noch nicht; er wollte, dass Hiob sich gegen Gott stellte und die Beziehung zu ihm preisgab. Der Herr ließ zu, dass Hiob selbst mit „bösen Geschwüren von der Fußsohle bis zum Scheitel"[115] geplagt wurde. Und Hiob hielt weiterhin an Gott fest: „Wenn wir das Gute von Gott annehmen, sollten wir da das Böse nicht auch annehmen? – Bei alledem versündigte sich Hiob nicht mit seinen Lippen."[116]

Als die drei Freunde Hiobs von seinem Unglück hörten, reisten sie zu ihm, um „ihm ihr Beileid zu bezeugen und ihn zu trösten." Als sie ihn aber sahen, „erkannten sie ihn nicht mehr. Da erhoben sie ihre Stimme und weinten; und jeder zerriss sein Gewand, und sie warfen Staub über ihre Häupter zum Himmel. Dann setzten sie sich zu ihm auf den Erdboden sieben Tage und sieben Nächte lang, und keiner redete ein Wort mit ihm; denn sie sahen, dass sein Schmerz sehr groß war. Danach tat Hiob seinen Mund auf und verfluchte den Tag seiner Geburt."[117]

In langen Gesprächen mit drei übriggebliebenen Freunden wird ihm immer wieder gesagt, dass der gerechte Gott keine Fehler mache und dass es an Hiob liegen müsse, weshalb er so leiden muss: Nur eigene Schuld könne die Ursache allen Übels sein, eventuell sei es auch eine pädagogische Maßnahme, um Hiob vor eventuell zukünftigem Unrecht zu bewahren. Doch seinen Freunden fällt

---

114 Hi 1,20-22.

115 Hi 2,7.

116 Hi 2,10.

117 Hi 2,11–3,1.

kein konkretes Fehlverhalten ein, das seine Strafen rechtfertigen würde. Sie argumentieren theologisch so spekulativ wie hilflos.

Und dann bricht es auch aus Hiob heraus – er legt dem Herrn seine Anklageliste vor:

- » Du quälst mich ohne Grund
- » Du hörst mich nicht in meiner Not
- » Du spottest über die Verzweiflung eines Unschuldigen

Vor allem erwartete er eine Begründung für seine Situation: Warum muss ein Gerechter leiden? Was ist seine Schuld? Hiob ist zerrissen: Sollte der Gott, mit dem er bisher so gut zusammenlebte, auch der Gott sein, der ihn jetzt quälte? Er erkennt Gott nicht wieder, er ist Hiob fremd geworden. Das ist seine eigentliche Qual.

In seinen Antworten begibt sich der Herr nicht auf die Ebene Hiobs, begründet nicht die Plagen, die Hiob in den seelisch-geistlichen Zusammenbruch getrieben haben. Gott interpretiert und verteidigt sich nicht wegen Hiobs Elend. Er antwortet ihm als Schöpfergott, der das Universum erschaffen hat – die Erde, das Meer und die Naturerscheinungen – und auch alle Macht und alles Wissen über die Tiere hat. Gott ist der allmächtige Herr der Schöpfung und lenkt auch den Weg Hiobs. Hiob erfährt etwas über die Weisheit und Hoheit, über die Majestät und Herrlichkeit Gottes und darüber, dass der Mensch viel zu wenige Einblicke in die Zusammenhänge zwischen Gott und Welt hat, um über Entscheidungen des Schöpfers urteilen zu können.

Zum Schluss bleibt Hiob nicht mehr übrig, als einzugestehen, dass der Ewige immer weiß, was er tut, und nichts falsch macht. Hiob kann es mit seiner Macht und Weisheit nicht aufnehmen und wird zur wahren Selbsterkenntnis geführt: Er kann Gottes Gerechtigkeit nicht mit seiner Vernunft beurteilen. Ihm bleibt nur zu sagen: „Darum spreche ich mich schuldig und tue Buße in Staub und in Asche!“[118]

---

118 Hi 42,6.

Gott hat sich ihm so offenbart, dass Hiob seinen bisherigen Glauben vom „Hörensagen" ablegen kann. Jetzt hat er eine persönliche Erfahrung mit Gott gemacht. Hiobs Gott ist ihm nun nicht mehr derselbe wie vorher. Er ist so groß, so hoch und so unerforschlich, dass er nicht in die Theologie Hiobs passt. Und trotzdem fühlt sich Hiob diesem Gott verbunden – aber als ein geistlich gewachsener Hiob.

Dieser für Hiob „neue Gott" lobt ihn, dass er nicht aufgehört hat, trotz des erlittenen Leids an der Existenz eines gerechten Gottes festzuhalten. Als Hiob für seine Freunde betet, die Gott wie bisher er selbst nur vom Hörensagen kennen, wird seine Situation im Übermaß wiederhergestellt: „Und der Herr segnete das spätere Leben Hiobs mehr als sein früheres."[119] Er erhielt von Gott eine doppelt so große Herde wie vorher und bekam sieben Söhne und drei Töchter. Er lebte noch 140 Jahre und starb „alt und lebenssatt."[120]

Hiob hatte sich trotz allen Leids, aller Zweifel und Verzweiflung nicht von Gott abgewandt, sondern er hielt durch – im Vertrauen auf Gottes Gerechtigkeit. Zum Schluss sagt Hiob, dass „er den Herrn gesehen" hat. Und er hat Gott als Freund erkannt, nicht als Feind.

Aber die eigentliche Frage Hiobs, nämlich warum er leiden musste, bleibt unbeantwortet. Dieser „Gerechte vor Gott" hat es mit seinem „Warum?" aufgrund seines Leids sogar geschafft, noch viele Tausend Jahre später einen der tiefsten Denker der Philosophie zur Kapitulation zu zwingen. Auch dieser weiß keine vernünftige Antwort darauf, warum ein gütiger Gott ungerechtfertigtes Leid zulässt: Immanuel Kant.[121] Er kommt zum Schluss, dass

---

119 Ebd. Vers 12.

120 Ebd. Vers 17.

121 1724–1804. Kant gehört mit Aristoteles, Platon und Hegel zu den bedeutendsten Philosophen.

der Mensch grundsätzlich nicht fähig sei, im Rahmen der Vernunft Gründe für das Handeln Gottes zu finden, auch nicht bei Hiob. „Der Ausgang dieses Rechtshandels vor dem Gerichtshofe der Philosophie ist nun: dass alle bisherige Theodicee das nicht leiste, was sie verspricht, nämlich die moralische Weisheit in der Weltregierung gegen die Zweifel, die dagegen aus dem, was die Erfahrung an dieser Welt zu erkennen gibt, gemacht werden, zu rechtfertigen“[122], „[...] dass unsre Vernunft zur Einsicht des Verhältnisses, in welchem eine Welt, so wie wir sie durch Erfahrung immer kennen mögen, zu der höchsten Weisheit stehe, schlechterdings unvermögend sei.“[123] Der Mensch pralle mit der Frage, warum Gott den Gerechten leiden lässt, an der Majestät und Heiligkeit Gottes ab und komme nicht weiter als bis zur „Unerforschlichkeit“ seines Denkens und Handelns. Kant stellt fest, dass philosophische Versuche[124], das Böse und Übel in der Welt trotz des guten und gerechten Gottes zu erklären, misslingen müssen. Zur Lösung dieses Problems könne „kein Sterblicher gelangen“.[125] Was bliebe, sei „[...] die Einsicht der nothwendigen Beschränkungen unserer Anmassungen in Ansehung dessen, was uns zu hoch ist“.[126]

Die offizielle Theologie hat sich diesem Standpunkt des „Unvermögens unserer Vernunft“[127] angeschlossen. Die Theologie bleibt bei Hiob stehen. Die Frage, warum ein gerechter, gütiger und allmächtiger Gott das Böse und das Übel in der Welt zulässt, müsse unbeantwortet bleiben.

---

122 Immanuel Kant: Über das Mißlingen aller philosophischen Versuche in der Theodicee, S. 263.

123 Ebd.

124 Auf Grund eines „aufgeklärten Vernunftglaubens“.

125 Kant, a.a.O.

126 Ebd.

127 Ebd.

ALLES NICHT SO EINFACH

Warum gibt es Leid für diejenigen, die in Verbindung mit Gott stehen? Im Alten Testament gibt es unterschiedliche Antworten. Die erste wird kurz nach der Erschaffung von Himmel und Erde genannt: Sünde. Adam und Eva hatten ihren freien Willen dazu benutzt, die personale, liebende Beziehung zu ihrem Schöpfer aufzukündigen. Das hatte die Strafe Gottes zur Folge – mit Leid als deren Auswirkung. Davon ist die ganze Menschheit seit Adam und Eva betroffen.

Auch das Leid des Volkes Israel und Juda hatte *einen* Grund in Ungehorsam und Verfehlungen. Wenn das Volk selbst sowie Könige, Älteste und hohe Beamte sich nicht an den klar ausgedrückten Willen Gottes hielten, nicht an seine Gebote und Rechtsbestimmungen, dann erfolgte die Strafe. Wobei sie nicht „aus heiterem Himmel" kam, sondern immer angekündigt wurde.[128] Der Prophet Amos hat darauf hingewiesen: „Geschieht auch ein Unglück in der Stadt, das der Herr nicht gewirkt hat? Nein, Gott, der Herr, tut nichts, ohne dass er sein Geheimnis seinen Knechten, den Propheten, geoffenbart hat."[129]

Wenn Priester und Könige sich vom Willen Gottes abwandten und das Volk Gottes unfähig und unwillig war, das Rechte zu tun, sollte es durch Züchtigung wieder zur Einsicht und Umkehr und zu einem Leben nach den göttlichen Geboten und unter seinen Schutz geführt werden. Wobei die Strafen die ganze Bandbreite von Leid auslösten: Unruhe, Hilflosigkeit, Hoffnungslosigkeit, Verzweiflung, Schwäche, Kummer, Hunger, Durst, Sorge, Unglück, Not, Verderben, Qual, Krankheit, Unfruchtbarkeit, Schmerz, Angst, Erniedrigung, Misshandlung, Bedrückung, Drangsal,

---

128 Zum Beispiel in 3Mo 26,17; 5Mo 11,28; 28,15; 31,17; 1Sam 12,15; 1Kö 14,16; Jer 7,15; 11,11; 15,1; Hos 9,17.

129 Am 3,6f.

Verschleppung, Gefangenschaft, Todesfurcht und Verwüstungen von Stadt und Tempel.

Die andere Botschaft des Alten Testaments ist aber auch: Nicht jedes Leid hat Sünde als Ursache. Der erste Mensch, der gewaltsam starb, war Abel. Und das nicht wegen Sünde oder Ungehorsam gegenüber dem Willen Gottes. Abel „brachte ein Opfer dar von den Erstlingen seiner Schafe und von ihrem Fett. Und der Herr sah Abel und sein Opfer an".[130] Abel opferte das Beste, was er hatte, und der Herr sah es mit Wohlwollen und Wohlgefallen. Abel war im Willen des Herrn. Trotzdem wurde er das erste Mordopfer und der erste Märtyrer der Menschheit. Gott hat es nicht verhindert.

Auch nach Abel konnte sich niemand, der in die Heils- und Segenslinie Jahwes gerufen wurde, darauf verlassen, dass er ein schönes, angenehmes und erfolgreiches Leben haben werde. Für Abraham, Isaak, Jakob, Joseph, Mose und David war der Weg mit Jahwe zum großen Teil ein Leidensweg. Andere würden im „Feuerofen " oder in einer „Löwengrube" umgebracht, Priester ermordet[131], Propheten verspottet, verfolgt, misshandelt, ins Gefängnis gesteckt oder getötet[132] werden. Das Leid der „Gerechten" durchzieht das gesamte Alte Testament und reicht von Abel bis zu Johannes dem Täufer, dem letzten Märtyrer des Alten Bundes. Aus den 39 Büchern des Alten Testaments lässt sich herauslesen, dass auch eine treue Verbindung zu Jahwe nicht vor Ablehnung, Ungerechtigkeit, Lebensgefahr und gewaltsamem Tod schützt.

Dazu kommt, dass es den Feinden Gottes durchaus sehr gut gehen kann, während es im Volk Gottes Leid gibt, und dass Böses nicht immer sofort bestraft wird. Außerdem ist Jahwe in der Wahl

---

130 1Mo 4,4.

131 1Sam 22.

132 1Kö 18,4; 19,14; 2Chr 24,21; Jer 17,14; 20,1f; 26,20-23; 37,11-16; 38,6; Mt 23,31.37; Lk 13,34; Hebr 11,36f.

seiner Mittel frei: Er schafft Recht, aber nicht unbedingt so, wie es der Mensch erwartet.

Was das Leid betrifft, lautet die Botschaft des Alten Testaments: Gottes Wege sind zwar insgesamt unergründlich, an konkreten Fällen lasst sich jedoch erkennen, dass sie vielfältig sind. Denn es gibt nicht *den einen* Grund für Leid, sondern unterschiedliche. Die grundsätzliche Situation, in der sich der Mensch befindet, ist jedoch eindeutig: Er gehört zu Gott und rebelliert trotzdem gegen ihn, er wird von Gott gesucht[133], aber auch – wegen seiner Rebellion – von ihm „heimgesucht"[134].[135]

» Eine Ursache für Heimsuchung durch Leid kann die Schuld von andauernder Sünde sein. Leid kann Gott als „Züchtigung" dazu gebrauchen, zur Abkehr von Sünde, zur Buße[136] und zur Rückkehr zu ihm zu führen und den Menschen zu einer neuen Verbindung zu ihm, einer neuen Ausrichtung auf seinen Willen, zur erneuerten geistlichen Reife und zu einer frischen Verherrlichung seines Wesens zu führen. In Psalm 94 heißt es: „Wohl dem Mann, den du, Herr, züchtigst, und

---

133 Zum ersten Mal nach dem Sündenfall: „Adam, wo bist du?" in 1Mo 3,9. Der Schöpfer hat ihn nicht gesucht, weil er nicht gewusst hätte, wo Adam sich versteckte, sondern um ihn auf seine Gottesferne aufmerksam zu machen.

134 „Heimsuchung" bedeutet ein Handeln Gottes: „Gott sucht heim; d. h. er besucht die Menschen, er stellt mit ihnen Verbindungen her, er kümmert sich um sie. Dieses H. hat immer das Heil des Heimgesuchten zum Ziel, auch oder gerade wenn es eine richtende und strafende H. ist. So unterscheiden wir zweierlei Arten von H.: ein gnädiges und ein richtendes H. Beides aber gehört untrennbar zusammen. Ein Mensch ohne Heimsuchung Gottes wäre in der Tat ein von Gott Verlassener" (Fritz Rienecker, Gerhard Maier: Lexikon zur Bibel, R.Brockhaus, 2006, S. 682).

135 Teile der folgenden Aufzählung nach: Glenn M. Penner: Im Schatten des Kreuzes, Verfolgung und Christusnachfolge – Eine biblische Theologie, SCM R. Brockhaus, 2011, S. 54/63.

136 Griech. „Metanoia" = Reue, in deren Folge ein Gesinnungswechsel stattfindet.

den du aus deinem Gesetz belehrst, um ihm Ruhe zu geben vor den Tagen des Unglücks, bis dem Gottlosen die Grube gegraben wird. Denn der Herr wird sein Volk nicht verstoßen und sein Erbteil nicht verlassen."[137] „Strafe" dient hier der Rückbesinnung des Bestraften auf den Willen Gottes.

» Leid kann eine Prüfung sein, wie die 40 Jahre lange Wüstenwanderung der Israeliten. Hier sollten sie zeigen, was in ihrem Herzen war, ob sie Gottes Verheißungen auch in schwierigen Umständen vertrauten und seine Gebote hielten.[138]

» Segnungen können ins Leid führen, wenn der Mensch voller Stolz meint, dass das Gute, das er erlebt, die Wirkung eigener Leistungen wäre. Jahwe warnt sein Volk: „Hüte dich, dass du den Herrn, deinen Gott nicht vergisst [...] und damit du nicht in deinem Herzen sagst: Meine eigene Kraft und die Stärke meiner Hand hat mir diesen Reichtum verschafft!"[139] Beim Propheten Hesekiel wird die Sünde Sodoms mit „Hochmut, Speise in Fülle und sorgloser Ruhe" beschrieben. Die Befriedigung der eigenen Bedürfnisse zum Götzen gemacht zu haben ist auch Thema während der Wüstenwanderung Israels: „[...] und das Volk setzte sich nieder, um zu essen und zu trinken, und stand auf, um sich zu vergnügen."[140] Das sind heute die Kennzeichen der Götter unserer aktuellen Wohlfühlgesellschaft – und diese Tendenz gibt es auch in christlichen Kreisen. Leid soll in dieser Situation bewusst machen, dass die Realität verkannt wird, und den

137 Ps 94,12-14.

138 5Mo 8,2.

139 5Mo 8,11.17.

140 2Mo 32,6; 1Kor 10,7. Paulus verurteilt an dieser Stelle auch jene Mitglieder der Gemeinde in Korinth, die bei Banketten in Götzentempeln oder in Privathäusern von wohlhabenden Griechen nicht nur Essen und Trinken genossen, sondern auch sexuelle Zügellosigkeit.

Betroffenen wieder zurückführen in die Ausrichtung auf den Ursprung alles Guten. Der Heilige Geist wird, wenn man auf ihn hören will, helfen, die „Augen aufzutun". Bei Jeremia wird das Thema erweitert. Dem Volk Gottes wird nicht nur gesagt, was es nicht tun soll, sondern auch, was es tun soll: „So spricht der Herr: Der Weise rühme sich nicht seiner Weisheit und der Starke rühme sich nicht seiner Stärke, der Reiche rühme sich nicht seines Reichtums; sondern wer sich rühmen will, der rühme sich dessen, daß er Einsicht hat und mich erkennt, dass ich der Herr bin, der Barmherzigkeit, Recht und Gerechtigkeit übt auf Erden! Denn daran habe ich Wohlgefallen, spricht der Herr."[141]

» Gott kann Leid als Teil seines göttlichen Plans zulassen, sodass gerade dadurch das höhere Ziel des Heils erreicht wird – wie es bei Joseph und seinen Brüdern geschehen ist.[142]

» Gott lässt Leid auch zu, damit die Kinder Gottes spüren, dass sie nur in völliger Abhängigkeit von ihm wirken und nur mit seiner Kraft seinen Willen erfüllen können. Und so war es auch bei den Propheten der Glaube, mit dem sie „aus Schwachheit zur Kraft"[143] gekommen sind und der sie „stark

141 Jer 9,22f.

142 Joseph wurde nach dem Willen Gottes von seinen Brüdern verkauft, um „Herrscher" Ägyptens zu werden. Er wurde es, um seine Brüder vor dem Hungertod retten. Er sollte sie retten, damit aus ihnen das Volk Gottes entstehen konnte. Es musste entstehen, damit es als Braut mit dem Lamm Gottes vermählt werden kann und Menschen ihre Rettung und ihr Heil finden. Was Joseph auch unternahm, „der Herr ließ es gelingen" (1Mo 40,23). Im Neuen Testament waren Judas, Kajaphas, Pilatus und andere einerseits Feinde Christi und an seinem Leid beteiligt, andererseits aber Werkzeuge Gottes, durch die er seinen Willen, seine Gerechtigkeit und seine Liebe offenbarte – im Kreuzestod Christi.

143 Hebr 11,34.

im Kampf" gemacht hat. Sie sind auch Vorbilder für „Geduld im Leiden."[144]

» Gott ließ es auch zu, dass seine von ihm bevollmächtigten und inspirierten Propheten getötet wurden. Denn er und die Propheten wussten, dass das Ende des irdischen Lebens aller Gerechten der Übergang zur „großen Belohnung"[145] ist: die zukünftige Teilnahme am Reich Gottes. Das Leid konnte die Gerechten Gottes nicht von Glaube und Geduld wegziehen. Und ihr Tod hatte zur Folge, dass ihre Hoffnung bestätigt wurde. Bei Henoch und Elia geschah das sogar, als sie noch lebten – sie wurden „entrückt"[146] und „fuhren auf zum Himmel".[147] So hatten schon die Gerechten Jahwes eine göttliche Zusage, die über Leid und Tod hinausreicht: „Er wird den Tod auf ewig verschlingen. Und Gott, der Herr, wird die Tränen abwischen von jedem Angesicht und die Schmach seines Volkes hinwegnehmen von der ganzen Erde. Ja, der Herr hat [es] gesprochen. Und an jenem Tag wird man sagen: Seht, das ist unser Gott, auf den wir gehofft haben, dass er uns rette; das ist der Herr, auf den wir hofften; nun lasst uns frohlocken und fröhlich sein in seiner Rettung!"[148]

Leid wird immer in Zusammenhang mit Jahwe gebracht und ist deshalb nie sinn- und ziellos. Gott straft nicht, damit gestraft ist[149], sondern das mit Strafe verbundene Leid hat ein Ziel, ein „Wozu". Ein Zweck von Leid ist, die Liebes- und Gehorsams-Beziehung zu

---

144 Jak 5,10f.

145 Lk 6, 22f.

146 Hebr 11,5. Paulus deutet im 2. Korintherbrief an, dass er in den „dritten Himmel" bzw. in das „Paradies" entrückt wurde (2 Kor 12, 3f).

147 2Kö 2,11.

148 Jes 25,8f.

149 Strafe zur Befriedigung oder als Rache Gottes kommt auch im Neuen Testament nicht vor.

Gott wiederherzustellen, auf Festigkeit zu prüfen oder weiter zu festigen und zu vertiefen. Der Leidende soll zu einer erneuerten Hinwendung zu Gott, zu einer neuen Demut unter seinem Willen[150] und zu einem stärkeren Vertrauen auf ihn kommen.

So war es auch bei Hiob. Der Herr sagte von ihm, dass dieser Mann sein „Knecht" sei. Ein Knecht Gottes ist jemand, der den Willen Gottes tut. Der Herr sagt von Hiob, dass dieser ein untadeliger und rechtschaffender Mann sei, der Gott fürchte und das Böse meide. Aus Sicht des Herrn war das Verhältnis Hiobs zu ihm völlig in seinem Willen. Manche Ausleger übernehmen jedoch die Anklage Satans und meinen, dass Hiob berechnend gehandelt habe: Lohn gegen Leistung. Sie unterstellen ebenso wie Satan, dass Hiob eine hochanständige Moral, strenge Frömmigkeitsrituale und gute Werke einsetzt, um mit Gottes reichem Segen belohnt zu werden. Da der Herr aber die Gedanken und Motive Hiobs kennt und ihn als untadelig und rechtschaffen bezeichnet und ihn seinen Knecht nennt, wären ihm solche manipulativen Hintergedanken Hiobs bekannt gewesen. Sie wären das Gegenteil von untadelig und rechtschaffen gewesen, und Hiob hätte die Bezeichnung „Knecht Gottes" nicht verdient. Außerdem könnte man das Leid Hiobs dann auf berechnende Frömmigkeit zurückführen und darin wäre dann sein Elend begründet.

Der philosophische Standpunkt lautet aber, dass man nicht wissen könne, warum Hiob leiden musste. Das ist richtig, auch Gott gibt darüber keine Auskunft. Doch wenn man nach hinten denkend keine Antwort findet und in einer Sackgasse landet, dann könnte man doch nach vorne bzw. zum Ende schauen. Und dann sieht es anders aus. Fragt man nicht nach dem Warum, sondern nach dem Wozu im Blick auf Hiobs Leiden und macht man das vor dem Hintergrund, dass alles, was Gott tut, sinnvoll ist und das Gute zum Ziel hat, dann kann man es auch bei Hiob erkennen.

---

150 Ps 94,12-14.

Man bekommt es in den Blick, wenn man sich die zwei Hauptakteure (außer dem Herrn) bei Hiob anschaut: Satan, der unterstellt, dass Hiob nur tadellos gottesfürchtig wäre, weil er sich dadurch die Segnungen Gottes sichern wolle. Und Hiob, der Gott nur vom „Hörensagen“ kannte, sich aber seiner segensreichen Beziehung zum Herrn sicher war. Was ist aber dann mit seinem Leid? Was war dessen Sinn, Zweck und Ziel? Denkbar sind folgende Aspekte:

» Satan zu beweisen, dass dieser Gerechte[151] durch nichts zum Abfall von Gott gebracht werden kann.

» Hiob durch Prüfungen näher an Gott heranzuführen, sodass er zum Schluss sagen kann: „Vom Hörensagen hatte ich von dir gehört, aber nun hat mein Auge dich gesehen.“[152]

Wenn Gott der Herr auch über das Leid ist, dann wäre das, was Hiob geschah, nicht nur eine von Gott zugelassene, sondern eine für Hiob äußerst segensreiche Aktion gewesen. Auch wenn dieser Gerechte nicht weiß, warum er leiden musste, weiß er zum Schluss durch seine Begegnung mit Gott mehr darüber, mit wem er es zu tun hat: mit einem Gott, dem man absolut vertrauen kann. Hiob hat Gott „gesehen“ und sich dadurch grundlegend verändert. Nicht seine Situation hat sich geändert, er steckt immer noch in unvorstellbarem Leid, sondern er selbst hat sich geändert. Das Leid spielt jetzt keine Rolle mehr. Hiob ist durch die Begegnung mit Gott vollkommen zufrieden und mit ihm im Reinen. Gott ist sein Freund, das hat Hiob noch *in seinem Leid* erkannt. Gott ist treu und es macht Sinn, jederzeit, auch *im eigenen Elend*, an ihm festzuhalten.

Hiob weiß nach seiner Anfechtung im Glauben nun viel tiefer und klarer, wer und wie Gott ist. Und er hat wohl für die Zukunft

---

151 Und das muss dann auch für alle „Gerechten“ gelten.

152 Hi 42,5.

eines endgültig gelernt: Wer Gott vertraut und mit seiner Hilfe rechnet, kommt auch mit Leid zurecht. Doch für Hiob gab es nun kein Leiden mehr. Er bekam vom Herrn wieder sieben Söhne und drei Töchter, sein Besitz wurde verdoppelt, und er lebte noch 140 Jahre und starb alt und lebenssatt.[153]

Und auch Gott wurde – natürlich – bestätigt: Er wusste, dass sich dieser Gerechte nicht von ihm abwenden würde. Wer bei Hiobs Leid nicht kausal fragt, sondern final und das Ergebnis sieht, muss sagen: Hiob, der Gerechte, Tadellose und Rechtschaffene hat *im Leid* eine neue, das heißt tiefere und persönliche Beziehung zum Herrn gefunden. Durch den Herrn.

Das Alte Testament gibt über den Grund des Leids für das jüdische Volk ausführlich Auskunft. Und für Hiob hatte das Leid eine ganz persönliche Botschaft: Auch im Leid gibt es Frieden mit dem Herrn; das Vertrauen auf ihn ist immer tröstlich und gerechtfertigt. Vertrauen siegt über Verzweiflung.

---

153 Hi 42,16.

III. CHRISTUS UND DAS NEUE TESTAMENT

Jesusnachfolger warten auf den, der wiederkommt. Juden warten auf den, der kommt. Dass es derselbe Erlöser ist, dass der erhoffte Messias der Juden auch der bereits in die Welt gekommene, am Kreuz gestorbene, dann auferstandene und jetzt zur Rechten des Vaters sitzende Christus der Christen ist, wird im Neuen Testament deutlich.

Bevor Jesus auf die Erde kam, befand sich das jüdische Volk in einer hoffnungsvollen und drängenden Erwartung des Messias: Die Herrschaft Roms, dieser aus ihrer Perspektive nur götzendienerischen Heiden, dürfe der Messias nicht länger dulden. Er werde diesen Stachel aus seinem Volk, seinem „Augapfel", entfernen und sein Königreich aufbauen. Der Messias werde der herrliche, machtvolle und siegreiche Befreier von der römischen Besatzungsmacht sein, das davidische Königtum mit Jerusalem als Hauptstadt wieder aufrichten, die zerstreuten Israeliten aus allen Ländern in Israel sammeln und als Messias und Sohn Gottes seinem Volk ein endloses, glückliches Leben im Heiligen Land bereiten. Und nicht nur ihm, auch die Völker der Erde würden nach Jerusalem strömen und dort das Heil Gottes erfahren. Das jüdische Volk erwartete einen messianischen König. Die „Weisen aus dem Morgenland" suchten den „neugeborenen König der Juden"[154]. Herodes fürchtete genau diesen König und wollte das Kind umbringen. Sogar die Jünger sahen in Jesus den politisch-religiösen Befreier, König und Messias Israels und wollten in exponierter Stellung an seinem zukünftigen irdischen Königreich in aller Herrlichkeit teilhaben. Petrus protestierte heftig, als Jesus stattdessen ankündigte, „der Sohn des Menschen müsse viel leiden und von den Ältesten und den obersten Priestern und Schriftgelehrten verworfen und

154 Mt 2,2.

getötet werden und nach drei Tagen wieder auferstehen".[155] Auch Petrus erwartete einen Sieger-Messias und keinen gedemütigten und sterbenden Anführer.

Jesus erfüllte in allem, was er war, lehrte und tat, keine dieser Erwartungen:

» Aufgewachsen im Dorf Nazareth, das in der Bibel Israels nicht einmal erwähnt wird, also kein so bedeutender Ort ist, als dass aus ihm „etwas Gutes[156] kommen könne. Auf jeden Fall kein „König der Juden".

» Er taucht im nach jüdischem Verständnis schon reiferen Alter von 30 Jahren plötzlich völlig mittellos, ohne eigenen festen Wohnsitz und ohne rabbinische Ausbildung als Wanderprediger, Rabbi und Prophet in Galiläa auf, zieht mit von ihm berufenen Jüngern umher und behauptet, von „Gott gesandt"[157] zu sein, „die verlorenen Schafe Israels"[158] zu sammeln. Er verkündete, dass der Geist Gottes auf ihm wäre, weil er ihn gesalbt hätte, um zu „heilen, die zerbrochenen Herzens sind, Gefangenen Befreiung zu verkünden und den Blinden, dass sie wieder sehend werden, Zerschlagene in Freiheit zu setzen und zu verkünden das angenehme Jahr des Herrn".[159]

» Er bezeugte, dass er der vom Vater gesandte Sohn sei und mit ihm das Reich und die Königsherrschaft Gottes begonnen hätte.

» Er rief Israel zur „Umkehr" auf: Es sollte den in seinem Wirken erkennbaren Beginn der Gottesherrschaft annehmen,

155 Mk 8,31.
156 Joh 1,46.
157 Lk 4,43
158 Mt 15,24
159 Lk 4,18.

sich also vom äußerlichen Gesetzesgehorsam der Pharisäer abwenden, d. h. Buße tun, und sich dem Neuen zuwenden, dem Glauben an sein Evangelium.[160]

» Er beanspruchte die Vollmacht für sich, Sünden vergeben zu können, und tat es auch.

» Er trieb Dämonen aus, was nur in der Kraft Gottes möglich war, und stellte als Beweis dafür dar, dass das „Reich Gottes“ gekommen sei.[161]

» Er hielt den Sabbat nicht im Sinne der Pharisäer ein, sondern betonte, dass er selbst, der „Menschensohn“, „Herr über den Sabbat“ sei.[162]

» Er verkündete, dass das von den Propheten verheißene, endgültige Heil und die für die letzten Tage vorhergesagte Erlösung nun mit ihm gekommen seien.

» Er erklärte: „Ich und der Vater sind eins.“[163]

Jesus verkündigte in Wort und Tat etwas ganz anderes als das, was den Pharisäern gemäß der Thora heilig war: Nicht im Tempel sei die heiligende und Sünde vergebende Gegenwart Gottes zu finden, sondern in ihm. Nicht in der Thora sei die Leben ermöglichende Offenbarung Gottes zu finden, sondern er in ihm. Nicht das Land Israel sei die heilige Gabe Gottes, sondern er. Nicht das Gesetz mit Einhaltung des Sabbats- und Zehntgebots, der Reinheitsgebote, der Speisegesetzte, nicht die Beschneidung, nicht die Bestimmungen für den Tempel, die Priester, das Opfer und die Opfertiere, nicht die Absonderung von Nichtisraeliten und die jüdischen Feste seien

160 Mk 1,14f.
161 Mk 12,28.
162 Mk 2,27.
163 Joh 10,30.

maßgeblich für die Gerechtigkeit vor Gott, sondern nur der Glaube an ihn, d. h. das Vertrauen in ihn.[164] Nur in ihm fänden die Juden Gerechtigkeit vor Gott und ein neues, erlöstes Leben. Denn er habe das Gesetz und die Propheten erfüllt, durch die mit ihm gekommene Königsherrschaft Gottes sei das Ziel dieser Gesetze erreicht. Er sei die Erfüllung und das Ende des Gesetzes. Zusammengefasst war die Botschaft Jesu, dass jüdische Herkunft und jüdische Identität nicht mehr ausreichten, um zum wahren Volk Gottes zu gehören. Denn nur in ihm sei die wirkliche himmlische Erlösung gegenwärtig. „Ich bin es", sagt er den Juden und verwendet damit die Gottesbezeichnung, mit der sich Jahwe dem Mose vorgestellt hat.[165]

Aufgrund dieses Anspruchs kam es immer wieder zu Auseinandersetzungen zwischen Jesus und den offiziellen Vertretern des jüdischen Volkes – den Pharisäern, Schriftgelehrten[166] und obersten Priestern. Man war angesichts der Selbstaussagen Jesu völlig gegensätzlicher Meinung.

Die Reaktionen der Gegner Jesu waren vielfältig: Sie nahmen Anstoß an ihm, verspotteten ihn, suchten einen Grund zur Anklage gegen ihn, versuchten, ihn einen Berg hinabzustürzen, wollten ihn steinigen, überlegten, wie man ihn mit List ergreifen und töten könne. Im Markusevangelium zeigen bereits die ersten Konflikte eine Zuspitzung der Feindschaft: über die Sündenvergebung gegenüber einem Gelähmten, über die Tischgemeinschaft mit Sündern, über die Weigerung, zu fasten, und schließlich über die Nichteinhaltung des Sabbatgebots durch Jesus und seine Jünger. All dies reizte die Pharisäer so sehr, dass sie überlegten, wie sie Jesus umbringen könnten. Sie und die Schriftgelehrten verhielten sich wie theologische Funktionäre, die in ihrem Machtbereich keinen anderen Einfluss duldeten. Vor allem die Pharisäer wollten

---

164 Joh 6,40; 6, 47; 11, 25.

165 2Mo 3,14; 5 Mo 32,39, auch Jes 43,10.11.

166 Die jüdischen Theologen.

keinen Zweifel daran aufkommen lassen, dass sie die Normen dafür definierten[167], was jüdisch sei und was nicht. Ihre größte Bedrohung war deshalb der Umstand, dass sehr viele Juden Jesus zuhörten und ihm folgten. Die Pharisäer fürchteten um ihre Autorität, mit der sie der Gesetzestreue und den ergänzenden mündlichen Überlieferungen beim Volk Geltung verschafften. Sie und die Schriftgelehrten waren über das große Interesse des Volkes an Jesus verärgert und beunruhigt, und sie reagierten mit Missbilligung und Entrüstung. Sie forderten immer wieder „Zeichen" von Jesus, die ihn als Messias bestätigen sollten. Obwohl die Beweise offenkundig waren, wollten sie sie nicht akzeptieren. Nicht zuletzt aus politischen Gründen: „Da versammelten die obersten Priester und die Pharisäer den Hohen Rat und sprachen: Was sollen wir tun? Denn dieser Mensch tut viele Zeichen! Wenn wir ihn so fortfahren lassen, werden alle an ihn glauben; und dann kommen die Römer und nehmen uns das Land und das Volk weg!"[168] Dies war die Reaktion auf die Auferweckung des Lazarus und auf die vielen Juden, die deswegen zu Befürwortern von Jesus wurden. Die geistlichen Leiter befürchteten, dass ein vom Volk anerkannter, in ihren Augen jedoch falscher messianischer König Israels die Römer dazu veranlassen würde, noch höheren Druck im Land auszuüben. Und dann würde es „ihr Land" und „ihr Volk" nicht mehr geben. Sie hatten Angst, ihren Herrschaftsbereich und Besitzstand endgültig zu verlieren. Sie fühlten sich so bedroht, dass sie auch vor der Überlegung, Jesus zu töten, nicht zurückschreckten. Und dies

167 Flavius Josephus schreibt, dass die Pharisäer beim Volk einen solchen Einfluss hatten, „[...] dass sämtliche gottesdienstliche Verrichtungen, Gebete wie Opfer, nur nach ihrer Anleitung dargebracht werden. Ein so herrliches Zeugnis der Vollkommenheit gaben ihnen die Bewohner der Städte, weil man glaubte, dass sie in Wort und Tat nur das Beste wollten" (Jüdische Altertümer). Schriftgelehrte und Priester hatten also einen enormen gesellschaftlichen Einfluss, den sie auch zu ihrem eigenen Vorteil nutzten.

168 Joh 11,47f.

leiteten sie dann auch durch einen politischen Schachzug in die Wege. Jesus Christus, der Sohn Gottes, der Messias, Erlöser und Retter wurde vom römischen Präfekten Pontius Pilatus zum Tode verurteilt und starb qualvoll am Kreuz.

DER ALLMÄCHTIGE GOTT HAT KEINE WAHL

Jesus sagte, dass er sterben *müsse.* Ist es ist für den menschlichen Verstand begreifbar, dass der allmächtige Vatergott keine anderen Möglichkeiten für seinen Sohn haben sollte als den Tod am Kreuz? Das wäre ein Widerspruch in sich selbst. Denn wer fähig ist, alles zu tun, dem stehen doch alle Handlungsmöglichkeiten offen. Und dazu gehört natürlich auch, etwas *nicht* zu tun. Wie kann dann dieser allmächtige Gott in die Lage kommen, etwas tun zu *müssen?* Wie kann er überhaupt unter Handlungszwang kommen – und noch unverständlicher – unter alternativlosen Handlungszwang? Wie könnte es sein, dass Menschen von ihrem Schöpfer Entscheidungsspielräume mitbekommen haben, aber er selber sie nicht hat? Dass Menschen nicht alternativlos sind, aber Gott?

Die nicht vorhandene Wahlmöglichkeit des Vaters ist auch bestimmend für die Leiden Jesu. Er hatte nichts, „wo er sein Haupt hinlegen kann“[169], er wurde beleidigt, geschlagen, verleumdet und war mehrmals in Todesgefahr, wurde am Ende verraten und von seinen Jüngern verlassen. Er weinte wegen der Vergeblichkeit seiner Botschaft und war zornig[170] über Glaubenszweifel überall um ihn her. Hätte Gott das Wirken Jesu auf Erden nicht angenehmer und erfolgreicher einrichten können? Doch man hört von

169 Mt 8,20.

170 Göttlicher Zorn ist kein unbeherrschter Wutausbruch gegenüber dem Sünder, sondern Ausdruck der entschiedenen Ablehnung der Sünde, weil sie den Menschen von Gott trennt.

Jesus keine Klagen über die enttäuschenden und bedrohlichen Umstände während seiner 3½-jährigen Verkündigung der frohen Botschaft. Man hört von ihm nur die Ankündigung, dass er leiden wird. Und einige Male sogar, dass er leiden *muss:* „[...] dass er nach Jerusalem gehen und viel leiden müsse von den Ältesten, den obersten Priestern und Schriftgelehrten, und getötet werden und am dritten Tag auferweckt werden müsse.“[171] „[...] dass er viel leiden und verachtet werden muss.“[172] Jesus *musste* Leid ertragen.

Dreimal kündigt Jesus nach den synoptischen Evangelien sein körperliches Leiden und seinen Tod an. Er sagt es jedoch nicht einfach als zukünftiges Geschehen voraus, sondern stellt es als zwingende, alternativlose Notwendigkeit dar. Das führt zu folgenden Fragen: Warum musste Jesus leiden und am Kreuz sterben? Und wozu, zu welchem Zweck, war das nötig, wo war der Sinn und was war das Ziel?

Zur ersten Frage, warum Jesus leiden und am Kreuz sterben muss, nennt er als Grund die Tatsache, dass es geschrieben steht. „[...] es wird alles erfüllt werden, was durch die Propheten über den Sohn des Menschen geschrieben ist.“[173] „Auch dies muß noch an mir erfüllt werden, was geschrieben steht: ‚Und er ist unter die Gesetzlosen gerechnet worden.‘ Denn was von mir [geschrieben steht], das geht in Erfüllung!“[174]

Vieles von dem, was „die Schrift und die Propheten“ sagen, sind Hinweise und Vorhersagen zum Leid Jesu:

» „Wer hat unserer Verkündigung geglaubt, und der Arm des Herrn, wem ist er geoffenbart worden? Er wuchs auf vor ihm wie ein Schößling, wie ein Wurzelspross aus dürrem

171 Mt 16,21; Mk 8,31; 10,33-35; Lk 18,31, hier: „und verworfen werden muss.“

172 Mk 9,12; Lk 9,22.

173 Lk 18,31.

174 Lk 22,37. Klammern im Original.

Erdreich. Er hatte keine Gestalt und keine Pracht; wir sahen ihn, aber sein Anblick gefiel uns nicht. Verachtet war er und verlassen von den Menschen, ein Mann der Schmerzen und mit Leiden vertraut; wie einer, vor dem man das Angesicht verbirgt, so verachtet war er, und wir achteten ihn nicht. Fürwahr, er hat unsere Krankheit getragen und unsere Schmerzen auf sich geladen; wir aber hielten ihn für bestraft, von Gott geschlagen und niedergebeugt. Doch er wurde um unserer Übertretungen willen durchbohrt, wegen unserer Missetaten zerschlagen; die Strafe lag auf ihm, damit wir Frieden hätten, und durch seine Wunden sind wir geheilt worden. Wir alle gingen in die Irre wie Schafe, jeder wandte sich auf seinen Weg; aber der Herr warf unser aller Schuld auf ihn. Er wurde misshandelt, aber er beugte sich und tat seinen Mund nicht auf, wie ein Lamm, das zur Schlachtbank geführt wird, und wie ein Schaf, das verstummt vor seinem Scherer und seinen Mund nicht auftut."[175]

» „Meinen Rücken bot ich denen dar, die mich schlugen, und meine Wangen denen, die mich rauften; mein Angesicht verbarg ich nicht vor Schmach und Speichel."[176]

» „Denn Hunde umringen mich, eine Rotte von Übeltätern umgibt mich; sie haben meine Hände und meine Füße durchgraben."[177]

» „Und sie gaben mir Galle zur Speise und Essig zu trinken in meinem Durst."[178]

---

175 Jes 53,1-7.

176 Jes 50,6.

177 Ps 22,17.

178 Ps 69,22.

» „Sie teilen meine Kleider unter sich und werfen das Los über mein Gewand.“[179]

» „[...] und sich unter die Übeltäter zählen ließ und die Sünde vieler getragen und für die Übeltäter gebetet hat.“[180]

» Und wie Mose in der Wüste die Schlange erhöhte, so muss der Sohn des Menschen erhöht werden [...]“[181]

Was durch die Propheten über den „Sohn des Menschen“ geschrieben steht, muss erfüllt werden, sagt Jesus seinen Jüngern. Auch sein Leiden, sein Tod am Kreuz und seine Auferstehung. Jesus wird „den Heiden ausgeliefert und verspottet und misshandelt und angespuckt werden; und sie werden ihn geißeln und töten, und am dritten Tag wird er wieder auferstehen“.[182]

Dies alles wird geschehen, weil es geschehen muss. Es muss geschehen, weil es von Propheten vorhergesagt wurde. Sie haben es vorhergesagt, weil sie als Boten Gottes seinen Willen verkündeten. Dass Christus leiden und gekreuzigt werden muss, war der „Ratschluss“ Gottes. Was in Zukunft einmal geschehen muss, hat der dreieinige Gott schon in seiner Ewigkeit, schon vor der Erschaffung von Himmel und Erde, vor Inkraftsetzung von Raum und Zeit beschlossen. Auch das Sterben des Sohnes am Kreuz.

Was den Menschen – und auch Christen – nicht durchgängig möglich ist, das tut Gott: Er sagt, was er denkt, und er tut, was er sagt. Gott ist absolut verlässlich, sein Wort ist wahr und bleibt es, er bleibt sich und seinem Wort treu, er ist gerecht, er tut, was er zuvor gesagt hat. Auch wenn es um den Tod seines eigenen Sohnes

---

179 Ps 22,19.
180 Jes 53,12.
181 Joh 3,14.
182 Lk 18,32f.

geht. So, wie Gott von den Menschen erwartet, dass sie tun, was er sagt, so hält er sich selbst daran. Alternativlos. Der Grund für Jesu Leid und Tod liegt in Gottes „Ratschluss“. Es ist beschlossen, und somit muss es geschehen. Gott ist gerecht.

Und das „Wozu“? Was ist Sinn und Zweck von Jesu Tod am Kreuz? Im Johannesevangelium sagt Jesus: „[...] damit jeder, der an ihn glaubt, nicht verlorengeht, sondern ewiges Leben hat. Denn so [sehr] hat Gott die Welt geliebt, dass er seinen eingeborenen[183] Sohn gab, damit jeder, der an ihn glaubt, nicht verlorengeht, sondern ewiges Leben hat. Denn Gott hat seinen Sohn nicht in die Welt gesandt, damit er die Welt richte, sondern damit die Welt durch ihn gerettet werde. Wer an ihn glaubt, wird nicht gerichtet.“[184]

Sinn und Ziel des Leiden- und Sterbenmüssens Christi war die Rettung und das ewige Heil des sündigen Menschen durch die Übernahme des Fluchs, der durch ihre Sünden auf ihnen liegt. Das Kreuz war der alternativlose Ratschluss Gottes. Eine absolute Notwendigkeit. Und die tiefste Offenbarung dessen, was göttliche Liebe ist.

DER GEKREUZIGTE MESSIAS: GOTTES MACHT UND WEISHEIT

Für Juden war der „Tod Gottes“ ein Ärgernis. Die jüdische Erwartung richtete sich gerade nicht auf einen sterbenden Messias. Erst recht nicht auf einen Messias, der einen im Gesetz verfluchten Tod erleidet. „Denn von Gott verflucht ist derjenige, der [ans Holz] gehängt wurde.“[185] Der Messias der Juden war für sie vielmehr ein

183 Griech. „monogenē “ = einzig entstammend, einzig in seiner Art (ohne Brüder).

184 Joh 3,15-18.

185 5Mo 21,23.

siegreicher Retter, deshalb würde Gott ihn nicht als Verbrecher an einem heidnischen Marterinstrument umkommen lassen.

Die heidnisch-römische Besatzungsmacht konnte mit einem gekreuzigten Messias erst recht nichts anfangen. Nicht mit einem Messias an sich und sowieso nicht mit einem Kreuz als einem Gegenstand, an dem irgendetwas Gutes geschehen kann. Das Kreuz war für sie das Folter- und Tötungsinstrument für Sklaven, Aufständische und sonstigen „Abschaum" der Gesellschaft. Schon das Wort selbst fand ein römischer Bürger abscheulich. Dass also an einem Kreuz, an diesem Instrument der Schande und Abschrekkung, ein Gott qualvoll leidet und stirbt und damit auch noch etwas Gutes für die an ihn Glaubenden bewirken soll, war für die griechisch-römische Welt einfach lächerlich, eine „Torheit", Unsinn. Außerdem würde ja ein Gott grundsätzlich nicht sterben.

Wer heute – auch als Christ – manchmal überlegt, ob es nicht doch eine andere Möglichkeit der Sündenvergebung durch Christus gegeben haben könnte als durch seinen qualvollen Tod am Kreuz, einen anderen „Ratschluss Gottes", bekommt vom Apostel Paulus nicht nur ein „Nein" zu hören, sondern wird noch mehr herausgefordert: Was für die Juden ein Ärgernis und für die Griechen eine Torheit ist, nämlich der gekreuzigte Messias, ist für die berufenen Gläubigen „Gottes Macht und Gottes Weisheit": „Während nämlich die Juden ein Zeichen fordern und die Griechen Weisheit verlangen, verkündigen wir Christus den Gekreuzigten, den Juden ein Ärgernis, den Griechen eine Torheit; denen aber, die berufen sind, sowohl Juden als auch Griechen, [verkündigen wir] Christus, Gottes Kraft und Gottes Weisheit."[186]

Dass Christus zur Sündenvergebung qualvoll am Kreuz starb, ist nicht nur Folge des Ratschlusses Gottes, sondern das Wort vom Kreuz ist für die, die „gerufen sind", „Macht" oder „Kraft" Gottes. Es ist deshalb Kraft, weil Gott in der Verkündigung dieses Wortes

---

186 1Kor 1,22-24. Klammern im Original.

machtvoll gegenwärtig ist. Denn der gekreuzigte Christus macht aus Verlorenen Gerettete. Es sind nicht eigene Glaubensanstrengungen, die aus Nicht-Gläubigen Gläubige machen, nicht Wunder, nicht Evangelisationsveranstaltungen mit professioneller Choreografie, auch nicht rhetorisch brillante oder emotional mitreißende Prediger. Paulus schreibt der Gemeinde in Korinth, dass er nicht gekommen ist[187], „um euch in hervorragender Rede oder Weisheit das Zeugnis Gottes zu verkündigen. Denn ich hatte mir vorgenommen, unter euch nichts anderes zu wissen als nur Jesus Christus, und zwar als Gekreuzigten. Und ich war in Schwachheit und mit viel Furcht und Zittern bei euch. Und meine Rede und meine Verkündigung bestand nicht in überredenden Worten menschlicher Weisheit, sondern in Erweisung des Geistes und der Kraft, damit euer Glaube nicht auf Menschenweisheit beruhe, sondern auf Gottes Kraft."[188]

Geistliches wird geistlich, d. h. durch den Heiligen Geist vermittelt. Die Botschaft des Paulus ist Jesus Christus, der Messias, der am Kreuz gestorben ist – und dieses Heilshandeln Gottes bewirkt Gerechtigkeit, Heiligkeit und Erlösung. Und es ist ausschließlich die „Kraft Gottes", der Heilige Geist, der in den Gerufenen wirkt, und nur deshalb erkennen sie im Gekreuzigten Gottes Macht und Weisheit. Dann sind sie in Christus eine „neue Schöpfung", „das Alte ist vergangen."[189]

Gottes Wort war schon bei der Erschaffung von Himmel und Erde die schöpferische Kraft. Es reichte aus, dass „Gott sprach, und es wurde". Auch das Evangelium von Christi Tod am Kreuz ist eine Kraft Gottes. „Gottes Wort übermittelt nicht nur Nachrichten, vermittelt nicht nur Kenntnisse, berichtet oder beschreibt nicht nur,

---

187 Beim Beginn seiner missionarischen Arbeit in Korinth.

188 1Kor 2,1-5.

189 2Kor 5,17.

es stellt nicht nur etwas fest [...]. Das Wort Gottes ist Kraftwort, das heißt, es ist neuschaffendes, umwandelndes, herstellendes Wort. Wo das Wort Gottes verkündigt wird, da geschieht Gottes Neuschöpfung [...].“[190]

Durch die Kraft Gottes im Geschehen von Tod und Auferstehung Jesu ist auch jeder, der an ihn glaubt, juristisch von aller Schuld freigesprochen und als „alter Mensch“ und Sünder gestorben. Nicht mehr vorhanden ist dann auch das Bedürfnis nach eigener Macht und Stärke. Es werden glücklich gepriesen, „die geistlich arm sind“, die „Leid tragen“, die „Sanftmütigen“, die „hungern und dürsten nach Gerechtigkeit“, die „Barmherzigen“, die „reinen Herzens sind“, die „Friedfertigen“, die um der „Gerechtigkeit Willen verfolgt werden“. Denn „ihrer ist das Himmelreich“.[191]

Gläubige sind aber auch der Welt gestorben. Die Welt mit ihren Werten, Versprechen und Verlockungen ist nicht mehr wichtigster Orientierungspunkt, nicht mehr ihr „Gott“. Wer glaubt, dass Christus für ihn gestorben ist, ist auch mit ihm zu einem neuen Leben auferstanden. Durch die Wunden Jesu ist der an ihn Glaubende heil geworden, ganz geworden und hat seine eigentliche Bestimmung wiedergefunden: als innerlich erneuerter Mensch für den zu leben, der für ihn gestorben und auferstanden ist. Er ist noch in der Welt, aber nicht mehr von der Welt.

Adam und Eva konnten aufgrund ihrer Sünde nicht mehr im Angesicht Gottes leben und waren dem Tod ausgeliefert. Gott konnte ebenfalls nicht von Angesicht zu Angesicht mit Sünde leben. Aber Gottes Sohn nahm sie am Kreuz auf sich und hat sie mit in seinen Tod hinweggenommen, sie ausgelöscht. Deshalb hat die Verkündigung des Gekreuzigten die Macht und die Kraft, für den Menschen Wendepunkt zu sein vom alten, sündigen Leben hin

---

190 Heiko Krimmer: Römerbrief, Edition C Bibelkommentare zum Neuen Testament, Hänssler-Verlag 1996, S. 45.

191 Die Seligpreisungen, Mt 5,3-10.

zum neuen, erlösten ewigen Leben. Wer ein Zeichen, einen Beweis für die Wahrheit des Evangeliums vom gekreuzigten (und auferstandenen) Christus fordert, der sieht es an den Gläubigen, an den von der Wahrheit des Evangeliums Überzeugten. Sie sind der Beweis für die lebensverändernde Macht Gottes, die in der Verkündigung von Kreuz und Auferstehung durch seinen Geist gegenwärtig ist und wirkt.

Doch der gekreuzigte Christus ist nicht nur Gottes Kraft und Macht. Paulus verkündigt ihn auch als „Gottes Weisheit". Den Tod der zweiten Person des dreieinigen Gottes zu beschließen, und zwar von Gott selbst, war also eine „weise" Entscheidung. Das ist für den Menschen nicht zu verstehen. Niemand kann im Tod einen Ausdruck von Weisheit erkennen, erst recht nicht, wenn er so qualvoll ist wie bei Jesus am Kreuz. Paulus sagt jedoch, dass der, durch den alle Dinge wurden, der die Schöpfung durch sein machtvolles Wort Wirklichkeit werden ließ, dass dieser Schöpfergott als gekreuzigter Messias der Inbegriff und die Offenbarung der mächtigen Weisheit Gottes ist, „die Leben schafft, wo vorher kein Leben war und so, als Resultat der Wirksamkeit der Macht Gottes, Verlorene erwählt und zu Erretteten macht."[192] Das Kreuz ist gerade nicht der Ort der absoluten Machtlosigkeit und Niederlage, und der Tod Christi ist keine „Torheit", wie ihn Menschen, die „verloren gehen"[193], bewerten. Wenn Paulus den gekreuzigten Christus verkündigt, dann verkündigt er nicht nur Gottes Kraft und Macht, sondern auch den Ausgangspunkt und die Ursache dafür: „Gottes Weisheit". Sie wird in Christus verkörpert, Christus ist die Weisheit Gottes, „in welchem alle Schätze der Weisheit und der Erkenntnis verborgen sind."[194]

---

192 Eckhard J. Schnabel: Der erste Brief des Paulus an die Korinther, Historisch Theologische Auslegung, SCM Brockhaus/Brunnen Verlag 2010, S. 133.

193 1Kor 1,18.

194 Kol 2,3.

Im Neuen Testament wird festgestellt, dass die Eigenschaft „weise“ zu sein, allein auf Gott begrenzt ist. Wenn die Botschaft des Evangeliums als „Unsinn“ bezeichnet wird, dann ist das die zwangsläufige Schlussfolgerung von Menschen ohne Gott, die ihre Urteilskraft und ihre vermeintliche eigene Weisheit und Klugheit maßlos überschätzen. Darum beruht die Verkündigung des Evangeliums nicht auf menschlicher „Weisheit“ und Erkenntnis, sondern allein auf Gottes Geist und Kraft als Ausdruck der Weisheit des „allein weisen Gottes“.

Weil der Mensch die Weisheit Gottes nicht ergründen kann,[195] sind das Leid und der Tod Christi am Kreuz für ihn nicht begreifbar. Dass Gott seinen Sohn auf so grausame Art sterben lässt, dass diese Hinrichtung alternativlos notwendig und von Anfang an im gesamten Ratschluss Gottes für die Beziehung zwischen ihm und den Menschen enthalten war, kann auch ein Christ nicht nachvollziehen. Hätte der allmächtige, allwissende Gott nicht eine andere Lösung finden können? Der einzig Weise sagt: „Nein“. Alle menschlichen Alternativen zum Leid und zum Tod Jesu am Kreuz zerplatzen an der Weisheit Gottes wie Seifenblasen. Es bleibt dabei, was Paulus den Christen in Korinth sagte: „Durch ihn (Gott) aber seid ihr in Christus Jesus, der uns von Gott gemacht worden ist zur Weisheit, zur Gerechtigkeit, zur Heiligung und zur Erlösung, damit [es geschehe], wie geschrieben steht: ‚Wer sich rühmen will, der rühme sich des Herrn!‘“ [196] Paulus erklärt damit, dass Christen nur dann von „Weisheit“ reden können, wenn sie diesen Begriff auf Jesus Christus beziehen, bzw. wenn sie „Weisheit“ durch Christus

---

195 Göttliche Weisheit ist absolute Weisheit und deshalb für den menschlichen Verstand nicht fassbar. Eins kann man vielleicht sagen: Innerhalb der absoluten Weisheit kann es keine unterschiedlichen Mittel und Wege zu einem absolut weisen Ziel geben. Absolute Weisheit muss eindimensional sein - so, wie die Gerade die kürzeste Verbindung zwischen zwei Punkten ist. Zu ihr gibt es keine Alternative.

196 1Kor 1,30f.

von Gott empfangen. Weisheit ist ein Heilsbegriff, denn in ihr sind „Gerechtigkeit", „Heiligung" und „Erlösung" enthalten.

Und diese Weisheit war nie eine Option – sie war absolut notwendig, denn Christus ist „[...] das Lamm Gottes, das die Sünde der Welt hinwegnimmt!"[197] Es war „zuvor ersehen vor Grundlegung der Welt, aber wurde offenbar gemacht in den letzten Zeiten um euretwillen".[198] Schon vor der Schöpfung war die Liebe Gottes zu den Menschen auf deren Rettung und Heil ausgerichtet. Alle Personen der göttlichen Dreieinigkeit waren an diesem Ratschluss beteiligt. Christus und sein Kreuzestod haben den Menschen die Möglichkeit der Erlösung und des Heils „in den letzten Zeiten" gebracht. Was vor Erschaffung der Schöpfung beschlossen war, ist jetzt erfüllt. Mit der Vollendung dieses Ratschlusses Gottes haben „die letzten Tage", hat die Endzeit begonnen. Es geht für den Menschen jetzt darum, an Christus zu glauben und so vor Gott gerecht und von Schuld und Sünde erlöst zu werden.

VON GOTT VERLASSEN

Wenn Leid und Tod Jesu schon vor der Schöpfung beschlossen waren, wenn Jesus wusste, dass er sterben musste, wenn sein Leidensweg so klar vor ihm lag, dann sind zwei Situationen auf diesem Weg äußerst bemerkenswert: sein Gebet im Garten Gethsemane und seine Klage am Kreuz.

Zwischen dem letzten Passahmahl mit seinen Jüngern und seiner Verhaftung betet Jesus auf einem Grundstück am Ölberg: „Und er nahm Petrus und die zwei Söhne des Zebedäus mit sich; und er fing an, betrübt zu werden, und ihm graute sehr. Da spricht er zu ihnen: Meine Seele ist tief betrübt bis zum Tod. Bleibt hier

---

197 Joh 1,29.

198 1Petr 1,20.

und wacht mit mir! Und er ging ein wenig weiter, warf sich auf sein Angesicht, betete und sprach: Mein Vater! Ist es möglich, so gehe dieser Kelch an mir vorüber; doch nicht wie ich will, sondern wie du willst!"[199]

Es ist das einzige Mal im Neuen Testament, dass über Jesus berichtet wird, dass er sich „fürchtet", dass ihn „graute", dass er sich „erschreckte" und seine Seele „betrübt ist bis zum Tod" (Markusevangelium). Der Evangelist Lukas berichtet von einem „ringenden Kampf" und von „Schweiß wie Blutstropfen". Bis dahin war Jesus nicht ohne Leid gewesen: Er litt in Versuchung, Verfolgung, unter körperlichen Misshandlungen, Verhöhnungen, Verrat. Doch jetzt kommt Todesangst hinzu.

Jesus wusste, dass sein Leiden und sein Tod kurz bevorstanden. Aus menschlicher Sicht wäre es verständlich, wenn Jesus sich zutiefst fürchtet vor der Qual des Leidens und Sterbens. Aber das wäre ein Verhalten, das man später bei seinen Nachfolgern nicht findet. Sie sterben klaglos und oft mit einem Gotteslob den Märtyrertod. Es muss deshalb etwas sein in seinem Tod, das viel tiefer geht als die rein menschliche Furcht vor Schmerzen und dem Tod. Schon bei Jesaja gibt es einen Hinweis auf diesen ganz besonderen Hintergrund beim Leiden und Sterben Jesu: „Fürwahr, er hat unsere Krankheit getragen und unsere Schmerzen auf sich geladen; wir aber hielten ihn für bestraft, von Gott geschlagen und niedergebeugt. Doch er wurde um unserer Übertretungen willen durchbohrt, wegen unserer Missetaten zerschlagen; die Strafe lag auf ihm, damit wir Frieden hätten, und durch seine Wunden sind wir geheilt worden. Wir alle gingen in die Irre wie Schafe, jeder wandte sich auf seinen Weg; aber der Herr warf unser aller Schuld auf ihn."[200] Und noch einmal etwas später: „Nachdem seine Seele Mühsal erlitten hat, wird er seine Lust sehen und die Fülle haben;

---

199 Mt 26,37-39; Mk 14,32-36; Lk 22,44.
200 Jes 53,4-6.

durch seine Erkenntnis wird mein Knecht, der Gerechte, viele gerecht machen, und ihre Sünden wird er tragen."[201] Jesus würde nicht nur körperlich sterben, sondern alle Sünden der Menschen ans Kreuz tragen und am Kreuz ertragen und für sie „sühnen"[202] müssen. Im Neuen Testament wird auf dieses Sühneopfer Jesu schon hingewiesen, als er noch gar nicht geboren ist. Ein Engel spricht mit Joseph über Maria: „Sie wird aber einen Sohn gebären, und du sollst ihm den Namen Jesus geben, denn er wird sein Volk erretten von ihren Sünden." [203]

Der Jünger Johannes erkennt in Jesus „das Lamm Gottes, das die Sünde der Welt hinwegnimmt!"[204] In seinem zweiten Brief an die Gemeinde in Korinth sagt Paulus über Gott: „Denn er hat den, der von keiner Sünde wusste, für uns zur Sünde gemacht, damit wir in ihm [zur] Gerechtigkeit Gottes würden."[205]

Im Brief an die Gemeinde in Rom ist der deutlichste Hinweis zu lesen, dass Jesus als Sühneopfer für die Sünden aller Zeiten – die vergangenen, gegenwärtigen und zukünftigen – vorherbestimmt war: „Ihn hat Gott zum Sühnopfer bestimmt, [das wirksam wird] durch den Glauben an sein Blut, um seine Gerechtigkeit zu erweisen, weil er die Sünden ungestraft ließ, die zuvor geschehen waren, als Gott Zurückhaltung[206] übte, um seine Gerechtigkeit in der jetzigen Zeit zu erweisen, damit er selbst gerecht sei und zugleich den rechtfertige, der aus dem Glauben an Jesus ist."[207]

---

201 Jes 53,11.

202 Die Sünde unwirksam machen, die aus einer Schuld entstandene Verpflichtung beseitigen, Freikaufen durch Ersatz,

203 Mt 1,21.

204 Joh 1,29.

205 2Kor 5,21.

206 Oder „Nachsicht", „Aufschub".

207 Röm 3,25-26. Klammern im Original.

Jesus musste „für alle den Tod schmecken“[208], für die Sühnung und Vergebung der Sünden des Volkes Israel, die „zuvor geschehen waren“ und die Gott ungestraft ließ, aber auch für die Vergebung aller Sünden zu jeder Zeit. Und die einzige Möglichkeit für Gott, sich selbst treu zu bleiben, nämlich gerecht zu sein und gleichzeitig Sünden zu vergeben, ist das Sühneopfer seines Sohnes durch den Tod am Kreuz.

Wenn Jesus sich im Garten Gethsemane davor fürchtet, dann nicht hauptsächlich wegen der körperlichen Qualen und des Sterbens. Den eigentlichen Schmerz bereitet ihm etwas anderes: Er wird am Kreuz „zur Sünde gemacht“: „Denn er hat den, der von keiner Sünde wusste, für uns zur Sünde gemacht, damit wir in ihm [zur] Gerechtigkeit Gottes würden.“[209] Und Sünde ist gleichbedeutend mit der Trennung von Gott. Er, der sagte: „Ich und der Vater sind eins“[210], und dass „der Vater in mir ist und ich in ihm“[211], der sündlose Sohn Gottes, soll am Kreuz alle Sünde dieser Welt auf sich nehmen – was die Trennung vom Vater bedeutet.

Und so kommt es im Garten Gethsemane zum zweitbekanntesten Gebet im Neuen Testament: „Mein Vater! Ist es möglich, so gehe dieser Kelch an mir vorüber; doch nicht wie ich will, sondern wie du willst!“

Jesus redet Gott mit „mein Vater“[212] an, Ausdruck eines innigen Verhältnisses. Diese Anrede war den Zeitgenossen Jesu vertraut, das aramäische „Abba“ hat die Bedeutung von „Vater“.

---

208 Hebr 2,9.

209 2Kor 5,21.

210 Joh 10,30.

211 Ebd., Vers 38.

212 Zum ersten Mal schon als 12-Jähriger beim Passahfest im Tempel in Jerusalem, als ihn seine Eltern suchten: „Weshalb habt ihr mich gesucht? Wußtet ihr nicht, daß ich in dem sein muß, was meines Vaters ist?“ (Lk 2,49).

In die Hände seines Vaters legt Jesus nun die Entscheidung, ob er den Leidenskelch des Zornes Gottes wegen der Sünden der Menschen wirklich annehmen soll. Gab es denn außer seinem Kreuzestod nicht doch noch eine andere Möglichkeit, um gottlose Sünder zu retten? Aber der Vater entscheidet, und der Sohn wird sich daran halten: „Ich suche nicht meinen Willen, sondern des Vaters Willen, der mich gesandt hat.“[213] Jesus bekam auf seine Frage keine Antwort. Das heißt, das Kreuz bleibt der Ort, an dem die Schuld der Menschheit, inklusive Israels und jedes einzelnen Menschen, gesühnt werden muss – durch das Blut Jesu.

Dieses nach dem Vaterunser bekannteste Gebet Jesu zeigt, was Beten für seine Nachfolger in Bezug auf ihr Leid grundsätzlich beinhaltet: das Vertrauen auf den Vater und den Entschluss, sich seinem Willen anzuvertrauen und unterzuordnen. So beten Christen in der dritten Bitte des Vaterunsers: „Dein Wille geschehe ...“ Diese Hinwendung zum Vater hat immer den liebenden Vater im Blick. In keiner anderen Religion kennt man einen „Gott“ mit einem liebenden Herzen. Von den „Göttern“ kommt sowohl Gutes als auch Böses, deshalb werden sie sowohl geliebt als auch gefürchtet. Aber nur der Gott der Bibel ist der liebende Vater, und nur mit Jesus haben auch seine Nachfolger einen so vertrauten Zugang zu ihm, dass sie ihn wie adoptierte Kinder „Abba“ nennen können – „lieber Vater“.

Und so folgt Jesus dem Willen seines Vaters und nimmt den Tod am Kreuz auf sich – beladen mit den Sünden der ganzen Welt. Und wieder ist die menschliche Weisheit am Ende: Wie geht das zusammen – Gott und Sünde? Gott, der Sünde hasst, der rein und heilig ist, der Licht ist und in dem „gar keine Finsternis ist“[214] – wie kann er Sünde und Finsternis werden? Nur als Mensch. Gott wurde Mensch, um unsere Schuld und Sünde auf sich zu nehmen.

---

213 Joh 5,30.

214 1Jo 1,5.

Und wieder kann man nur auf die Weisheit Gottes verweisen, auf seine „unausforschlichen Wege“.[215] Für den Menschen bleibt das unbegreiflich.

Und dann, am Kreuz, die zweite Situation und eine zweite Frage Jesu, von der man eigentlich annehmen müsste, dass sie von ihm nie gestellt werden könne: „Und um die neunte Stunde rief Jesus mit lauter Stimme: Eli, Eli, lama sabachthani, das heißt: ‚Mein Gott, mein Gott, warum hast du mich verlassen?‘“[216]

Jesus betet den 22. Psalm, ein Klagegebet Davids. Er spricht nicht mehr in der innigen Vertrauensbezeichnung zu „Abba“, sondern jetzt sagt Jesus „Eli“ (bzw. „Eloi“ bei Markus), was „der Erhabene, der Höchste“ bedeutet, als Kurzform von „Erhaben ist Jahwe“. Jesus betete den ganzen Psalm, denn Vers 11 beginnt im Hebräischen mit „Eli Atta!“ („Mein Gott bist du!“). Wer von den Umstehenden nun „Eliata“ verstanden hatte, musste annehmen, dass Jesus Elia meinte, denn „Eliata“ heißt „Elia komm!“[217] Ganz zum Schluss von Psalm 22 heißt es: „Vom Herrn wird man dem künftigen Geschlecht erzählen, seine Heilstat verkündet man dem kommenden Volk; denn er hat das Werk getan.“ „Er hat das Werk getan“ ist identisch mit dem „Es ist vollbracht“[218], das Letzte, was Jesus vor seinem Tod sagte, bevor er „den Geist übergab“.[219]

Als derjenige, der die Sünde der Menschen auf sich nimmt, muss er von Gott verlassen werden, denn Gott kann auf Grund seiner Heiligkeit nicht mit Sünde leben; er muss sich von Sünde trennen. Mehr noch: Seine Gerechtigkeit fordert den Tod als Konsequenz der Sünde. Und so gibt Gott den Sohn für die Sünde der Menschen hin und der Sohn sich selbst: in die seelischen und körperlichen

---

215 Röm 11,33.

216 Mt 27,46.

217 „Etliche der Anwesenden sprachen, als sie es hörten: Der ruft den Elia!“ (Mt 27,47).

218 Joh 19,30.

219 Ebd.

Schmerzen des Sterbens und in die Höllenqual der Gottverlassenheit. Das größte ungerechtfertigte Leid hängt und stirbt am Kreuz.

Es ist für Menschen unvorstellbar, welche Qual und welchen Schmerz es für Gott bedeutet haben muss, sich von seinem Sohn zu trennen. Niemand kann diesen Schmerz nachfühlen, und niemand könnte auch nur den leisesten Hauch davon ertragen. „Ich und der Vater sind eins“[220], sagte Jesus. Wenn man sagt, dass der Sohn Gottes am Kreuz vom Vater, also von Gott, getrennt war, dann sind das nur Worte. Die wahre Bedeutung kann kein Mensch erfassen. Es geht hier ein Riss durch die Gottheit, der Sohn ist von Gott verlassen. Gott wendet sich von ihm ab. Das ist ein einmaliger, unwiederholbarer, alternativloser, endgültiger Beweis seiner Liebe zu den Menschen. Es ist Offenbarung dessen, was Liebe wirklich ist, „die Übernahme des Menschengeschicks und des Menschenfluchs bis zur letzten Konsequenz“.[221]

Gott hat sich am Kreuz von seinem Sohn getrennt, damit die, die an ihn glauben, durch seine Gerechtigkeit mit ihm vereint sind. „Alles Schreien nach Gott, jede nach oben gerichtete Warum-Frage, die je auf Erden laut geworden ist, all unser eigenes Schreien, Zweifeln, Klagen und Anklagen ist hier versammelt und qualitativ überboten; unsere Bedrängnis ist die seinige, aber seine Bedrängnis ist weit über die unsrige hinaus; denn sein Leiden ist nicht nur physisch, so dass ihm weder stoisch noch heroisch begegnet werden könnte, nicht nur jene entsetzliche Todesangst, die mit den körperlichen Qualen der Kreuzigung [...] nach den Berichten verbunden gewesen ist, nicht nur der enttäuschende Zusammenbruch bisheriger Gottesgewissheit und des messianischen Sendungsbewusstseins. Es ist [...] das Erleiden dessen, was keiner sonst erlitten hat, weil jeder von uns nur sein eigenes Leiden

---

220 Joh 10,30.

221 Helmut Gollwitzer: Krummes Holz – aufrechter Gang, Zur Frage nach dem Sinn des Lebens, Chr. Kaiser Verlag München, 1971, S. 258.

leidet, nicht aber das Leiden mit allen und das Leiden aller, das Verstossensein aller von der Lebensquelle, vorweg und für alle erlitten, damit sie es nicht erleiden." [222]

Jesus war von Gott verlassen – aber er hat den Vater nie losgelassen. Er spricht ihn auch in der qualvollen Erfahrung des Verlassenseins mit „mein Gott" an. Er wendet sich in seiner Not nicht *gegen* Gott, sondern *an* Gott und befiehlt kurz vor seinem Tod seinen Geist „in die Hände des Vaters"[223]. Auch hier betet Jesus aus einem Psalm Davids: „In deine Hände befehle ich meinen Geist." Und immer, wenn eine Schriftstelle teilweise zitiert wird, ist nach jüdischem Verständnis der Inhalt des gesamten Abschnitts mitgedacht. Vers 6 von Psalm 31 endet mit: „Du hast mich erlöst, HERR, du treuer Gott."

Jesus unterstellt sich auch trotz Gottverlassenheit und des nahen Todes dem Willen des Vaters. So, wie er es immer getan hat. Und der Vater hat ihn nicht aufgegeben, denn er ist treu: Jesus wurde nach drei Tagen auferweckt und ist auferstanden, wie er es selbst vorhergesagt hat: „Nach drei Tagen werde ich auferstehen."[224]

Jesus musste ungerechtfertigt leiden, nur er konnte und musste als völlig Sündloser die Sünde dieser Welt auf sich nehmen, an Stelle des Sünders sterben. Das bedeutet, dass er als mit Sünde Beladener aus der innigen Einheit mit seinem Vater herausgebrochen wurde und die Verlassenheit von Gott, seinen Zorn und den Tod „schmecken"[225] musste. Dies war Ausdruck der Weisheit Gottes, mit der er denjenigen, der dieses Versöhnungsangebot annimmt, wieder mit sich versöhnt und gerecht macht, ihn vor der Verdammnis rettet, ihn erlöst von Schuld, ihn errettet zum

---

222 Ebd., S. 256.

223 Lk 23,46; Ps 31,6.

224 Mt 27,63.

225 Hebr 2,9.

ewigen Leben mit Gott. Der Mensch, der auf den Ruf Jesu in die Nachfolge positiv reagiert, ist durch diese Bekehrung gerecht vor Gott und ohne Verdammnis.

Die Liebe und die Gerechtigkeit Gottes haben am Kreuz und in der Auferstehung Jesu über Sünde, Tod und Satan gesiegt. Die Liebe ist dabei die Kraft Gottes, die nie aufhört. Liebe und Leid sind in Gott nicht disharmonisch, sondern beiderseits notwendig, weil heilschaffend.

GOTT BLEIBT GOTT UND IST DOCH WENIGER GEWORDEN

Als Gott in Jesus Mensch wurde, war er einerseits ganz Mensch – nur ohne Sünde – andererseits blieb er ganz Gott. Worauf er jedoch verzichtete, waren seine göttliche Stellung und Macht. Paulus schreibt in seinem Brief an die Philipper: „Obwohl er in göttlicher Gestalt[226] war, hielt er nicht selbstsüchtig daran fest, Gott gleich zu sein. Nein, er verzichtete darauf[227] und wurde einem Sklaven gleich: Er nahm menschliche Gestalt an und wurde wie jeder andere Mensch geboren. Er erniedrigte sich selbst und war Gott gehorsam bis zum Tod, ja, bis zum schändlichen Tod am Kreuz.“[228]

Der Mensch kann nicht weniger Mensch werden, aber der allmächtige Gott kann weniger Gott werden: nämlich Mensch. Jesus, der Sohn Gottes ist Gott. Daran hat sich bei seinem Kommen auf die Erde nichts geändert. Aber er beschränkte sich: Er kam nicht „in der Herrlichkeit seines Vaters mit seinen Engeln“[229], nicht in

226 Mit göttlichen Fähigkeiten.
227 In anderen Übersetzungen: „Er entäußerte sich.“
228 Phil 2,5 (Hoffnung für alle).
229 Das kündigt Jesus erst für sein zweites Kommen an (Mt 16,27).

„großer Kraft und Herrlichkeit“[230], er hat Allmacht und Allwissenheit nur zeitweise gezeigt, aber es waren die Werke des Vaters. Jesus „tat nichts aus sich selbst“.[231] Jesus war Gott, der darauf verzichtete, als allmächtiger Gott zu erscheinen und zu handeln. Er „erniedrigte“ oder „entäußerte“ sich stattdessen dreifach: Er wurde Mensch, er unterstellte sich dem Auftrag und der Führung des Vaters, und er starb den Sühnetod am Kreuz. Nur in einer Beziehung blieb er ständig, was er ist: Liebe. Aus Liebe zum Vater und den gefallenen Menschen kam er in die Welt, „um zu dienen und sein Leben zu geben als Lösegeld für viele“.[232]

Der Sohn Gottes ging aus Liebe einen ganz niedrigen, leidensvollen Weg, um Sünder zum Höchsten und zum Heil zu führen:

» „Ich bin der Weg und die Wahrheit und das Leben; niemand kommt zum Vater außer durch mich.“[233]

» „Ich bin das Brot des Lebens. Wer zu mir kommt, wird nie mehr hungern, und wer an mich glaubt, den wird niemals dürsten.“[234]

» „Ich bin das Licht der Welt. Wer mir nachfolgt, wird nicht in der Finsternis umhergehen, sondern er wird das Licht des Lebens haben.“[235]

» „Ich bin die Tür. Wenn jemand durch mich hineingeht, wird er gerettet werden und wird ein- und ausgehen und Weide finden.“[236]

---

230 So wird Jesus erst bei seinem zweiten Kommen erscheinen (Mt 24,27).
231 Joh 5,19; 5,30; 8,28.
232 Mt 20,28; Mk 10,45.
233 Joh 14,6.
234 Ebd. 6,35.
235 Ebd. 8,12.
236 Ebd. 10,9.

» „Ich bin der gute Hirte; der gute Hirte lässt sein Leben für die Schafe.“[237]

» „Ich bin die Auferstehung und das Leben. Wer an mich glaubt, wird leben, auch wenn er stirbt.“[238]

Auch die Wunder Jesu sollten letztlich nicht Beweis seiner Herrlichkeit und Macht sein, sondern als „Zeichen“ und Hinweise darauf verstanden werden, dass die Vorhersagen der Propheten sich in Jesus erfüllten und er der Messias und König des anbrechenden Gottesreichs war. Es sind einzelne „Machttaten“, durch die seine göttlichen Fähigkeiten sichtbar werden: Er treibt Dämonen aus, heilt Kranke, erweckt Tote, herrscht über die Natur beim Sturm auf dem See Genezareth, überwindet Naturgesetze, als er auf dem Wasser geht, ernährt mit zwei Fischen und fünf Broten Tausende Menschen.

Er treibt Dämonen aus, aber nicht bei jedem Besessenen. Er heilt alle Arten von Krankheiten, aber nicht alle Kranken. Er gibt einem Blindgeborenen die Sehkraft wieder, aber er hilft nicht jedem, der von Geburt an behindert ist. Er weckt Tote auf, aber sie müssen trotzdem wieder sterben. Er herrscht über die Natur, aber er macht sie sich nicht untertan. Er ernährt Tausende mit ein paar Fischen und etwas Brot, aber er macht daraus kein sozialpolitisches Programm zur Versorgung der Bevölkerung mit kostenlosen Grundnahrungsmitteln. Er hat auch kein Interesse, die gesellschaftlichen und politischen Verhältnisse Israels so zu ändern, wie es die Juden von einem Messias erwarten.[239] Das alles

---

237 Ebd. 10,11.

238 Ebd. 11,25.

239 Seine einzige politische Aussage bestand in dem Satz: „Gebt dem Kaiser, was des Kaisers ist, und Gott, was Gottes ist!“ (Mk 12,17). Mit dieser Aussage stellte Jesus klar: Tiberius ist nur Kaiser und nicht Gott. Ihm soll gegeben werden, was ihm als Kaiser zusteht, und dazu gehören

ist nicht der Wille des Vaters, und Jesus hält sich daran, „denn ich tue allezeit, was ihm wohlgefällt".[240]

Es muss festgestellt werden: Gott kam auf die Erde, und nichts hat sich geändert. Der einzig zählbare Erfolg seiner Mission passte in einen einzigen Raum: die 120 Jesusjünger in Jerusalem nach seinem Tod.

Im Blick auf seine göttliche Identität bleibt Jesus scheinbar weit unter seinen Fähigkeiten. Er macht die Welt nach menschlichen Maßstäben nicht besser. Sie wurde in den 3½ Jahren von Jesu Wirken kein Paradies und ist es auch 2000 Jahre danach nicht. Es gibt immer noch Kriege und Katastrophen, Leid und Tod, Ungerechtigkeit und Grausamkeit. Das Böse und das Übel sind nicht verschwunden. Denn Gott zielt auf die Veränderung des Sünders, nicht auf die Veränderung der Umstände. Er will die gefallenen Menschen vor dem ewigen Tod in Höllenqualen retten und sie in seine Gegenwart im ewigen Leben hineinretten. Die Hölle ist keine Drohung, sondern Warnung. Gott möchte keinen Menschen an diesem Ort haben. Immer hat er seine Geschöpfe aufgerufen und ermahnt, dass sie zu ihm zurückkehren. Gottes Thema für die Menschen ist ihr Heil. Ausgangspunkt dafür kann nur der Sohn Gottes sein, der alle Schuld und Sünde auf sich nimmt. Denn es bleibt dabei: „Der Lohn der Sünde ist der Tod; aber die Gnadengabe Gottes ist das ewige Leben in Christus Jesus, unserem Herrn."[241] Nur der Tod des einzig Sündlosen und dessen Auferstehung machen die Gnadengabe Gottes möglich: ewiges Leben in Jesus Christus. Deshalb wurde er ein Diener in Knechtsgestalt, niedergebeugt, verachtet, geschlagen, zerschlagen, getötet. Doch gerade dieses Gegenteil von Macht, Herrlichkeit und Majestät hat es Christus

---

Steuereinnahmen. Aber Gott ist nur der Gott Israels – und auch ihm soll gegeben werden, was ihm zusteht: Ehrfurcht und Ehre. Die weltliche Autorität wird anerkannt, ist aber von der göttlichen begrenzt.

240 Joh 8,29.

241 Röm 6,23.

ermöglicht, das zu tun, was nur die Liebe tun kann: „sein Leben zu geben als Lösegeld für viele." Nur der Gott, der sich als Mensch erniedrigt, der verzichtet, leidet und stirbt, zeigt absolute Liebe zu den gefallenen Menschen und setzt ein neues, entscheidendes und unendlich wertvolles Werk in Gang: Er kam, um am Kreuz zu sterben, „damit sie das Leben haben und es im Überfluss haben".[242] Mit seiner Auferstehung wurde sein Werk zum krönenden Abschluss gebracht.

So ist uns Christus durch Leid, Tod und Auferstehung hindurch zum Vater vorausgegangen. In seiner Nachfolge werden wir den gleichen Weg gehen.

Und Jesus wird wiederkommen. Bis dahin befindet sich die Welt in der „Endzeit", wie Christen die Epoche zwischen dem ersten und zweiten Kommen Jesu bezeichnen. Es ist auch eine Zeit, in der ein sich verstärkender antichristlicher Geist besonders Jesusbekenner bedroht und verfolgt und sie in Schwierigkeiten und Leiden bringt.

Die Gemeinde kann diesem antichristlichen Druck ausweichen, indem sie Kompromisse mit den weltlichen Ideologien und Werten eingeht. Wenn die Kirchen nicht unter Verfolgung leiden, ist das kein Zeichen dafür, dass sie alles richtig machen. Ihre Distanzierung vom antichristlichen Geist ist dann möglicherweise nicht so groß, dass sie vom „Fürsten dieser Welt" als Gefahr betrachtet und angegriffen werden müssten. Es ist wie beim Fußball: Wenn ein Stürmer nie gefoult wird, ist er einfach zu harmlos, und der Gegner muss sich gar nicht näher mit ihm beschäftigen. Dann ist er aber auch kein effektiver Stürmer. Jesustreue Nachfolger, die sein Wort bewahren, es weitersagen und danach handeln, werden aber unter Verfolgung leiden. Nicht alle gleich und überall, aber Leid wird sein.

---

242 Joh 10,10.

Die Nachfolger Jesu sind aufgerufen, auszuharren, jederzeit für seine Wiederkunft bereit zu sein „und treu bis zum Ende Zeugnis von der Wahrheit des Evangeliums abzulegen, trotz Verfolgung, Leiden und der Möglichkeit, als Märtyrer zu sterben".[243] Der nicht verfolgte Teil der Gemeinde Jesu ist aber genauso betroffen, denn „wenn ein Glied leidet, so leiden alle Glieder mit".[244] Für sie gilt: „Gedenkt an die Gefangenen, als wärt ihr Mitgefangene, und derer, die misshandelt werden, als solche, die selbst auch noch im Leib leben."[245]

SCHÖPFUNG IN WEHEN

Für die Endzeit wird nicht nur eine Bedrohung der Jesusgläubigen durch den antigöttlichen „Fürsten dieser Welt" vorhergesagt, auch Naturkatastrophen werden eine Ursache für Leid auf Erden. In den Evangelien und den Gemeindebriefen der Apostel ist darüber zwar fast nichts zu lesen, nur Paulus erwähnt kurz eine Hungersnot. Aber: Auf Katastrophen hingewiesen wird im Neuen Testament schon. Von Jesus in seiner Endzeitrede[246] und vor allem im letzten Buch der Bibel, der „Offenbarung Jesu Christi". Dort werden in sprachgewaltigen Bildern auch „apokalyptische" Naturkatastrophen und das Ende der gegenwärtigen Epoche vorhergesagt.

In der Neuzeit ist auffallend, dass gerade nach zerstörerischen Erdbeben, Vulkanausbrüchen, Hurrikanen und schwersten Überschwemmungen die Frage nach Gott gestellt wird: Wo war Gott beim Tsunami im Indischen Ozean oder beim Hurrikan Katrina,

---

243 Eckhard Schnabel: Das Neue Testament und die Endzeit, Brunnen Verlag 2013, S.73.

244 1Kor 12,26.

245 Hebr 13,3.

246 Mt 24.25; Mk 13; Lk 21.

einer der verheerendsten Naturkatastrophen der USA? Warum hat er die Naturgewalt und Leid und Tod zugelassen? Solche Fragen kommen hauptsächlich aus dem atheistischen Lager. Sie können deshalb nicht an Gott gerichtet sein, sondern angesprochen sind die, die an ihn glauben. Sie sollen ihren Gott rechtfertigen.

Zum ersten Mal wurde die Frage, wie Gott Naturkatastrophen und Zigtausende Opfer zulassen könne, im Zusammenhang mit einem Erdbeben im Jahr 1755 gestellt. Es geschah in Portugal und war ein so dramatisches Ereignis, dass Europa deswegen in eine tiefe Glaubenskrise geriet.

45 Jahre zuvor hatte der deutsche Philosoph Gottfried Wilhelm Leibniz genau zu diesem Problem eine Abhandlung verfasst: Wie passen ein allmächtiger und gütiger Gott und das Übel und Böse in der Welt zusammen? Leibniz starb 1716. Er musste nicht mehr mitansehen, wie seine Gedanken über Gott und die Welt ins Zentrum eines Erdbebens gerieten und darin erschlagen wurden.

Leibniz schrieb 1710 ein Werk mit dem Titel „Essais de Théodicée“[247]. Darin behandelte er die Frage, wie der vollkommene und gütige Gott Leid zulassen kann. Die grundsätzliche Frage lautete:

> » Wenn es einen allwissenden, allmächtigen und gütigen Gott gibt, wie kann es in dieser Welt dann ungerechtes, unschuldiges und unverhältnismäßiges Leid geben? Denn wenn er allwissend ist, dann weiß er doch, wie er Leid verhindern könnte. Wenn er allmächtig ist, dann könnte er das auch. Wenn er gütig und die Liebe ist, dann will er es auch. Warum tut er es dann nicht?

Leibniz legt sich darauf fest, dass Gott trotz des Leids, der Vergänglichkeit, des Todes, des Bösen und der Katastrophen die beste

247 „Essais de théodicée sur la bonté de dieu, la liberté de l'homme et l'origine du mal.“

aller möglichen Welten geschaffen habe. Denn es gäbe eine Beschränkung: Das Geschaffene könne nicht vollkommen sein, denn vollkommen sei nur Gott. In Kauf nehmen müsse man also das Böse und Üble des Unvollkommenen, das, was dem Menschen durch ihn selbst zustoßen könne. Die Welt leide also grundsätzlich am „metaphysischen Übel" der menschlichen Unvollkommenheit. Damit verbunden seien das physische Übel in Form der Leiden durch die Natur und das moralische Übel der Sünde. Unter diesen unumgänglichen Beschränkungen habe Gott aus einer unendlichen Anzahl möglicher Welten mit unserer doch die beste geschaffen.[248] Es sei alles so, wie es sein soll, sagt Leibniz. Alles sei gut, denn „jede Form des Übels sei letztlich notwendig und erklärbar und diene schließlich nur dem höheren Zweck, das Gute hervorzubringen." Das war die Geburtsstunde des „Optimismus" – das Wort war nämlich vorher völlig unbekannt.[249]

Knapp 40 Jahre nach dem Tod von Leibniz geschah dann etwas, was die „beste aller möglichen Welten" radikal erschütterte: das Erdbeben von Lissabon im Jahr 1755. In der viertgrößten Metropole Europas starben am 1. November in diesem Seebeben der Stärke 8.5 bis 9 und den mehr als 10 Meter hohen Tsunamiwellen schätzungsweise[250] mehr als 60 000 Menschen in Lissabon, weitere 40 000 im Landesinneren und an den Mittelmeerküsten. Es war eine der größten Naturkatastrophen der europäischen Geschichte.

---

248 Schon 1673 formulierte Leibniz diesen Gedanken in einem Gespräch mit dem französischen Philosophen Antoine Arnauld. Er schrieb, „dass Gott die vollkommenste aller möglichen Welten erwählt habe und dass seine Weisheit ihn bestimmt habe, das mit ihr verbundene Uebel zuzulassen, was aber nicht hindere, dass diese Welt, alles in allem erwogen und überlegt, nicht doch die beste sei, die gewählt werden konnte."

249 Deutschlandradio, Skript zur Sendung am 20.10.2005.

250 Bis heute ist die genaue Zahl unbekannt.

Der 1. November war der katholische Feiertag Allerheiligen, außerdem gab es in Lissabon einen Anlass für ein „Volksfest“: eine Ketzerverbrennung war angekündigt. Die ganze Stadt war auf den Beinen.

Das erste Beben geschah um 9 Uhr 45. Es war Gottesdienstzeit. Zwei weitere Beben folgten. 85% aller Gebäude Lissabons brachen zusammen, darunter alle Kirchen, 54 Klosteranlagen und 33 Paläste. Nur das Rotlichtviertel blieb unbeschädigt stehen. Wer fliehen konnte[251], lief zum Hafen – und sah, dass kein Wasser mehr da war: Das Seebeben hatte das Meer weggezogen, der Meeresboden war freigelegt, auf ihm waren Schiffswracks und verlorene Waren zu sehen. Kurz darauf kam der Tsunami und schoss durch die Stadt ins Hinterland. Was nach dem Beben noch stand, riss jetzt die Flutwelle mit sich.

Die Nachricht über diese Katastrophe verbreitete sich den damaligen Kommunikationsmöglichkeiten[252] entsprechend nur schleppend, ab Dezember 1755 war jedoch ganz Europa über Lissabon informiert. Doch schon vorher hatte man am 1. November in vielen Regionen Europas ungewöhnliche Vorgänge registriert: in Hamburg eine plötzliche, drei Meter hohe Flutwelle, auf Seen in der Schweiz, Schottland, Norwegen und Schweden stieg der Wellengang abrupt an, Schiffe wurden aus der Verankerung gerissen. In Irland „wirbelten die Schiffe herum wie Korken, mit einer Bewegung, so schnell wie das Flattern der Signalflaggen“[253]. Man erlebte diese unerklärlichen Ereignisse mit Schrecken. Erst nach

---

251 „Männer und Weiber, Vornehme und Geringe liefen halbnackend, halb bekleidet zitternd durch einander. Die vornehmsten Herren und Damen waren in ihren Unterkleidern geflüchtet, und die Angst hatte ihnen nicht erlaubt, an ihre Kleider zu denken“ (Hamburgischer Correspondent, 12.12.1755).

252 Berittene Boten, Postkutschen und Schiffe.

253 Whitehall Evening Post, Irland (zit. aus:. http://www.berliner-zeitung.de/das-beben-von-lissabon-1755-als-internationales-medienereignis-der-koenig-entkam-halb-nackt-15746450).

Wochen, als die Katastrophe von Lissabon bekannt wurde, erkannte man auch die Ursache für diese plötzlichen Naturphänomene.

In Spanien, Frankreich, England und Deutschland wurde in den wenigen lokalen Zeitungen über die Katastrophe von Lissabon berichtet. Sie war das Thema mit der größten Aufmerksamkeit. Ein Medienereignis. Zum ersten Mal wurde grenzüberschreitend über ein Naturereignis berichtet. Überall wurden Gedichte, juristische Abhandlungen, religiöse Schriften, philosophische Betrachtungen und Streitschriften publiziert und Predigten gehalten. Denn es war etwas ganz Großes, Unfassbares geschehen. Man wusste zwar vom Erdbeben in China 1556 mit vielen Hunderttausend Toten. Nur: China war weit weg und vor allem ein ungläubiges Land. Aber Lissabon? Es gehörte schließlich zum christlichen Abendland, war Hauptstadt des katholischen, gottesfürchtigen Portugal! Da wohnten Menschen, die sich zum „heiligen katholischen Glauben" bekannten. Da musste man auf Gott schauen und fragen: „Warum hast du das zugelassen?" Deshalb waren Theologen die Ersten, die sich zur Sachlage meldeten. Ihre Antwort war eindeutig, wenn auch mit unterschiedlichen Begründungen: Lissabon war eine Strafe Gottes.

Die katholischen Theologen sahen den Grund für die Strafe im sündigen Leben der Einwohner der doch sehr weltoffenen Hafenstadt. Das Erdbeben sei ein Aufruf zur Buße gewesen. Dieser Erklärungsversuch war jedoch in sich nicht stimmig: Schließlich wurden die Kirchen, in denen gerade Gottesdienste stattfanden, zerstört, es starben darin Gläubige, während das Viertel mit den Bordellen stehenblieb und seine Besucher bei den Prostituierten überlebten.

Für anglikanische Protestanten war das Erdbeben in der Hauptstadt eines katholischen Landes eine Strafe Gottes über die katholische Kirche und die Inquisition. Auch wegen der geplanten Ketzerverbrennung am Tag des Erdbebens wäre das Gericht Gottes über die Stadt gekommen – für das Unrecht, das in seinem Namen hätte geschehen sollen. Es wäre ein „katholisches" Erdbeben gewesen.

In Frankreich gab es eine Gruppierung, die die Schuld beim portugiesischen König João III.[254] sah: Gott habe Lissabon bestraft, weil er die Jesuiten ins Land gelassen hatte. Das war aber schon 1540 gewesen, über 200 Jahre vor dem Beben.

Die portugiesischen Jesuiten waren damit nicht einverstanden. Der König sei zwar schuld, sagten sie, aber deshalb, weil er die Protestanten in Lissabon toleriere.

Wo Theologen sind, sind auch Philosophen nicht weit. Die erste Wortmeldung kam vom französischen Philosophen und Schriftsteller Voltaire.[255] Kurz nach dem Erdbeben schrieb er ein Gedicht, das vor allem gegen seinen deutschen Kollegen Leibniz und dessen „beste aller Welten" gerichtet war und dagegen, dass „alles gut" wäre. Leibniz-Anhänger waren auch nach dem Erdbeben davon überzeugt. Sie schrieben: „Alles ist gut. Die Erben der Toten werden ihr Vermögen vermehren. Die Maurer werden beim Wiederaufbau der Häuser Geld verdienen. Die Tiere werden in den unter den Trümmern begrabenen Leichen Nahrung finden. Es ist die notwendige Wirkung notwendiger Ursachen. Euer einzelnes Übel bedeutet nichts, denn ihr tragt zum allgemeinen Wohl bei."[256]

Für Voltaire war Lissabon jedoch der Gegenbeweis des „Alles ist gut, wie es ist". Wie kann ein gerechter und liebender Gott so eine Katastrophe zulassen, fragte er. Gehörte so ein Unglück zur besten aller Welten? Voltaire war nicht der Meinung, dass Gott die beste aller möglichen Welten geschaffen hatte: „Was entstand, das vergeht, denn Natur ist das Reich, wo Zerstörung besteht. [...] Was aus Säften, aus Blut, Staub zustande gebracht und gemischt, ist doch nur zur Zersetzung gemacht. Und [...] den Dienern des Tods unterworfen, den Leiden. [...] Wer, was bin ich? Woher kam ich?

---

254 Oder Johann III., „der Fromme", König von Portugal, 1521–1557.

255 Eigentlich François Marie Arouet, 1694–1778.

256 Wolfgang Breidert: Erschütterungen der vollkommenen Welt, Wissenschaftliche Buchgesellschaft Darmstadt 1994, S. 60.

Wohin geht's? Dieser Haufen aus Dreck, die Atome so viel sind nur Fraß für den Tod und dem Schicksal ein Spiel"[257], schreibt Voltaire in seinem Anti-Leibniz-Gedicht Ende 1755.

Drei Jahre später legte er mit seiner Satire „Candide oder der Optimismus" noch einmal nach: Der Held der Geschichte wird aus dem Schloss, in dem er lebt, vertrieben und kommt anschließend in Europa und Übersee nur noch in Situationen, in denen es ihm schlecht ergeht und er nur Schlechtes sieht: Er erleidet Schiffbruch, wird ausgepeitscht, gerät in ein Erdbeben (in Lissabon), tötet zwei Priester und den Bruder seiner Geliebten, erlebt, wie Menschen gefoltert, gepfählt, vergewaltigt und verbrannt werden, wie Mönche sich an ihren Schutzbefohlenen vergehen, Inquisitoren sich Frauen für sexuelle Dienste halten, Kaufleute das ihnen anvertraute Vermögen veruntreuen, Fürsten aus reiner Gier Krieg führen. Candide erlebt die Welt, wie sie ist.[258] Doch immer bekommt er von seinem Lehrer („dem größten Philosophen des Landes", wie Voltaire schreibt) zu hören, dass man trotz allem in der besten aller Welten leben würde, in der alles verknüpft wäre und in vorherbestimmter Harmonie zu einem guten Ende kommen würde[259]. Alles muss so sein, wie es ist, alles ist gut. Candide kann das nicht nachvollziehen: Wenn dies hier die beste aller möglichen Welten ist, wie wäre es dann erst auf den anderen gewesen? Auch Candides Philosophen-Freund gibt zum Schluss zu, „daß er zwar stets aufs schrecklichste gelitten habe, da er nun aber einmal behauptet, alles sei wunderbar gut, so wolle er stets bei dieser seiner Behauptung bleiben, wenn er auch selber nicht mehr daran glaube"[260].

---

257 Breidert, a.a.O.

258 Nach: Rainer Neuhaus: 250 Jahre Candide, Voltaire-Stiftung.

259 Der sog. „Philosophische Optimismus".

260 Candid oder der Optimismus, http://gutenberg.spiegel.de/buch/erzahlungen-7371/7.

Voltaire fordert, dass die Menschen ihren Verstand gebrauchen, um die Welt besser zu machen. Er sieht ein Zeitalter der Vernunft und der Aufklärung kommen, aber nur für die anständigen Leute, „nicht für Lakaien, Schuster und Dienstmädchen und die andere Canaille“.

Und wenn Voltaire etwas schreibt, kann sein Konkurrent Jean-Jaques Rousseau nicht schweigen. Er schrieb 1756, kurz nach dem oben erwähnten Gedicht Voltaires, seinen „Brief über die Vorsehung“[261]. Rousseau argumentiert dort sowohl theologisch als auch pragmatisch. Er sagt, dass „die besonderen Ereignisse vor den Augen des Herrn des Universums nichts bedeuten, dass seine Vorsehung universell ist, dass er sich damit begnügt, die Gattungen und Arten zu erhalten und alles zu leiten, ohne sich darum zu kümmern, wie jedes Individuum dieses kurze Leben durchläuft“.

Was das Leid von Lissabon betrifft, sieht er vor allem die Schuld beim Menschen: Der hätte schließlich die 20 000 eng stehenden, sechs- und siebenstöckigen Häuser gebaut, nicht die Natur. Ohne diesen Größenwahn wären nicht so viele Häuser eingestürzt. Der Mensch unterliege den objektiven Gesetzen der Natur, die er beachten solle. „Zurück zur Natur“ empfiehlt er deshalb. Alles ist gut, sagt Rousseau, soweit es aus den Händen des Schöpfers hervorgeht, alles wird schlecht unter den Händen des Menschen.

Und dann kam Kant. Das philosophische Schwergewicht Deutschlands schrieb 1756 zunächst drei Texte, in denen er sich naturwissenschaftlich und naturphilosophisch mit den Gründen für das Beben beschäftigte. Er zielte auf geologische Ursachenforschung ab und sagte, das Lissabon-Erdbeben habe innerhalb der Naturgesetze stattgefunden. „Wir haben die Ursache unter unseren Füßen“[262], schreibt er. Dass es so katastrophal war, sei

---

261 In seinem am 18. August 1756 geschriebenen „Brief an Herrn von Voltaire“.

262 Kant: „Von den Ursachen der Erderschütterungen bei Gelegenheit des Unglücks, welches die westlichen Länder von Europa gegen das Ende

ein Zufall, wenn auch ein schrecklicher. Kant erklärte, dass der Mensch durch die Beschäftigung mit Katastrophen zur Demut genötigt werde und er kein Recht habe, von den Naturgesetzen, die Gott angeordnet hat, lauter „bequemliche" Folgen zu erwarten.[263] Drei Jahre später erklärte Kant, dass es im Leid darum gehe, sich nicht trotz, sondern wegen des Leids zu Gott hinzuwenden oder hingewendet zu bleiben.

Warum hat Gott die größte Naturkatastrophe des 18. Jahrhunderts in Europa zugelassen? Die Theologie, die Philosophie und die Naturwissenschaft waren hochgradig verunsichert.

Der Theologie glitt eine als sicher geglaubte Grundannahme aus den Händen: Dass Gott für Sünden bestraft. Das war nicht länger aufrechtzuerhalten. Doch was bedeutete Lissabon dann? Die studierten Experten waren in einem Erklärungsnotstand. Jedenfalls gaben sowohl die katholische als auch die reformatorische Theologie die Bibel als alleinige Autorität der Welterklärung auf und setzten die Vernunft erst daneben und schließlich über sie.

Verunsicherung erfasste auch die Philosophie. Es entstand die Tendenz, an der Leibniz'schen „besten aller möglichen Welten" zu zweifeln und auch daran, dass sie Anlass für Optimismus biete, was die Zukunft betrifft. Und es gab auch hier erste Überlegungen, Gott zu ignorieren – und ihn durch die menschliche Vernunft zu ersetzen. Was dann auch geschah.

Im Fundament der Naturwissenschaft zeigten sich ebenfalls Risse. Man begann, sich von der Vorstellung zu lösen, dass der Mensch und das Universum von einem vernünftigen Gott geschaffen worden seien und dass diese Vernunft an der Ordnung und den Gesetzen der Natur und des Universums erkennbar sei. Aber nach so einer gewaltigen Katastrophe wie in Lissabon könne man wohl nicht mehr davon ausgehen, dass ein allmächtiger und gütiger

---

des vorigen Jahres betroffen hat."

263 Ebd.

Schöpfer alles in seinen Händen halte und in einzelnen Willenshandlungen in Welt und Menschenleben liebevoll eingreife. Das bedeute, dass jetzt der Mensch gefragt sei – das heißt, die Macht seiner Vernunft, durch die er die Natur erklären, lenken und beherrschen solle. Man wollte die Probleme in die eigene Hand nehmen. Der Mensch war dabei, das Erbe Gottes anzutreten und sich selbst um den Fortgang der Weltgeschichte zu kümmern.

Für die bisherige Naturwissenschaft stand bisher noch der Schöpfergott im Zentrum – wie bei Kopernikus[264], Galilei[265], Kepler[266] und Newton[267]. Der endgültige Bruch mit diesem Schöpfergott begann dann im Jahr 1859, als der Naturforscher Charles Darwin[268] sein Werk „The origin of species" (Die Entstehung der Arten) veröffentlichte, gefolgt von „The descent of man, and selection in relation to sex" (Die Abstammung des Menschen und die geschlechtliche Zuchtwahl), 1871, worin Darwin den Begriff „Evolution" prägte.

Mit diesen Abhandlungen begann die atheistische Naturwissenschaft. Und sie wirkten sich auch auf die Philosophie aus: Der Philosoph und Theologe David Friedrich Strauß[269] ging auf Distanz zu seinem „alten" christlichen Glauben und schlug sich auf die Seite Darwins und des „neuen Glaubens" der Evolutionstheorie ohne Schöpfergott. Gott, behauptete Strauß, sei nun arbeitslos geworden. Diese Abwendung hatte schon 1835 bei ihm begonnen, als er mit „Das Leben Jesu, kritisch bearbeitet" eine historisch-kritische Bibelauslegung vorlegte, nach der nur jene Glaubensinhalte der Bibel gültig wären, die der Vernunft nicht widersprechen, überprüfbar sind und mit menschlichen Erfahrungen übereinstimmen.

---

264 1473–1543, Domherr, Astronom und Mathematiker.

265 1564–1641, italienischer Philosoph, Mathematiker und Physiker.

266 1571–1630, evangelischer Theologe, Philosoph und Mathematiker.

267 1643–1727, englischer Naturforscher, Philosoph.

268 1809–1882, Naturforscher.

269 1808–1874.

Diese „glaubenslose“ Art der „objektiven“ Exegese wird seitdem in theologischen Fakultäten gelehrt und ist heute Standard der theologischen Verkündigung.[270]

Ein anderer Philosoph, aufgewachsen als gläubiger Pastorensohn, wurde durch Darwin regelrecht aus seiner Glaubensbahn katapultiert: Friedrich Nitzsche. Er war vor allem von den „Erkenntnissen“ in „Die Abstammung des Menschen“ schockiert[271]: Der Mensch stamme vom Tier ab, die Natur würde durch grausame und sinnlose Zufalls- und Verderbensprozesse Millionen von Lebewesen neu hervorbringen. Die Schöpfung sei nicht Gottes Werk, sondern nur ein blindes Spiel des Werdens in einem geschlossenen System von natürlichen Ursachen. Nietzsches Glaube konnte sich der neuen Naturwissenschaft nicht widersetzen, er brach endgültig zusammen. Wenn die Natur durch blinde und zerstörerische Kräfte sich selbst hervorbrachte, wie die Naturwissenschaft jetzt offenbar bewiesen hatte, wenn nur das am besten Angepasste überlebte, wenn nur Zufall und Notwendigkeit das Leben bestimmten, dann wäre Gott nicht mehr die Wahrheit, nicht mehr die Liebe und nicht mehr gerecht. Er spielte keine Rolle mehr im Weltgeschehen. Als Schöpfer von allem, was ist, und als Herrscher, Helfer und Retter sei er vom Menschen abgesetzt worden, sagt Nietzsche:

270 Weitere prägende Vertreter der Bibelkritik waren Johann Salomo Semler (1725–1791), Ernst Troeltsch (1856–1923), Rudolf Bultmann (1884–1976).

271 1844–1900. Das war der dritte und entscheidende Angriff auf den Glauben Nietzsches. Schon vorher trafen ihn zwei Schläge: Als Nietzsche 5 Jahre alt war, starb sein Vater und Glaubensvorbild nach langen Krankheitsqualen. Der Vater, protestantischer Pastor, predigte von einer Kanzel, über der ein Vers aus dem Buch des Propheten Jesaja stand: „Denn es sollen wohl Berge weichen und Hügel hinfallen, aber meine Gnade soll nicht von dir weichen, und der Bund meines Friedens soll nicht hinfallen, spricht der HERR, dein Erbarmer“ (Jes 54,10). Der nächste Zweifel an Gottes Allmacht und Güte kam für Nitzsche mit dem plötzlichen Tod seines jüngeren Bruders.

„Gott ist todt! Gott bleibt todt! Und wir haben ihn getödtet!“[272] Und wenn der Mensch keine allmächtige, allwissende, gerechte und gütige höhere Macht über sich duldet, dann werde sein eigener „Wille zur Macht“[273] nicht mehr gedämpft und begrenzt, dann mache er sich selbst zu Gott. „Wer das Große nicht mehr in Gott findet, *findet* es überhaupt nicht ... und muß es entweder leugnen oder selbst *schaffen*“[274], warnt Nietzsche. Damit erfolge die „Umwertung“ bzw. die „Entwertung aller Werte“[275]: Nichts sei wahr, alles sei erlaubt. Damit falle der Mensch ins Nichts: Die bisherigen göttlichen Maßstäbe werden ungültig, alles werde relativ, es gebe keine feste Orientierung mehr, nichts, woran der Mensch sich sicher festhalten, nichts, was er sicher glauben, hoffen und lieben könne. Was bleibe, sei der „Nihilismus“: die Ziellosigkeit und Zufälligkeit der Welt und die Sinnlosigkeit des Seins.

Und so hatte das Erdbeben von Lissabon eine tiefe theologische, philosophische und naturwissenschaftliche Glaubenskrise ausgelöst. Grundlegende Überzeugungen bekamen nicht nur Risse und Spalten, sondern standen kurz vor dem Zusammenbruch. Aber man meinte, neuen, festen Boden gefunden zu haben: durch die Vernunft der „Aufklärung“.[276]

---

272 Friedrich Nietzsche: Die fröhliche Wissenschaft, drittes Buch, 125: „Der tolle Mensch.“

273 Von Friedrich Nietzsche zum ersten Mal in „Die fröhliche Wissenschaft“, später auch in „Also sprach Zarathustra“ formuliert. Der Wille zur Macht war schon die Sünde von Adam und Eva.

274 Nietzsche Werke, Nachgelassene Fragmente. Hervorhebungen im Original.

275 Nietzsche in „Jenseits von Gut und Böse“ sowie in „Zur Genealogie der Moral“.

276 Die kürzeste Definition lautet: Aufklärung ist vernünftige Selbstorientierung. Immanuel Kant warnte jedoch vor der unbegrenzten Leistungskraft der Vernunft: Sie tauge für die Diesseitigkeit, sie könne jedoch kein gültiges Urteil über göttliche Offenbarungen fällen. Zwischen Vernunft und Glaube hat Kant den sog. „aufgeklärten Vernunftglauben“ gesetzt: ein Glaube, der sich aus der Vernunft ableitet bzw. innerhalb ihrer Grenzen bestätigen lässt. Die Theodizeefrage gehört nach Kant

ES MUSS GESCHEHEN

Das Problem, ob das Erdbeben von Lissabon etwas mit Gott zu tun hatte oder nicht, lösten im Anschluss Philosophen und Naturwissenschaftler dadurch, dass sie Gott gar nicht mehr als in der Gegenwart Handelnden betrachteten. Von dieser Annahme könne man nun nicht mehr ausgehen. Wer tritt aber an seine Stelle? In Ermangelung anderer Alternativen kann das nur der Mensch sein. Zu beurteilen, was ist, und zu beeinflussen, was kommen soll, wäre jetzt besser in den Händen und Köpfen der Menschen aufgehoben. Die Ideologie der „Aufklärung" bekommt den entscheidenden Schub. Religion könne gerne toleriert werden, aber entscheidend wäre nun das „Licht der Erkenntnis" aufgrund menschlicher Vernunft. Ihr gehöre die Zukunft.

Doch wie immer, wenn es um menschliche Vorstellungen und Pläne geht, gilt, was Gott sagte: „Meine Gedanken sind nicht eure Gedanken, und eure Wege sind nicht meine Wege, spricht der Herr."[277] Es gibt menschliche Gedanken über die Zukunft. Und göttliche. Und auch die haben etwas mit Erdbeben zu tun.

Zukunft aus weltlicher Sicht ist die kommende Zeit und deren Zustände und Ereignisse. Aktueller Stand ist, dass auch die Naturwissenschaft nur in ganz engen Grenzen Vorhersagen machen kann über etwas, was kommen wird. Darüber hinaus sind ihr sichere, zuverlässige Aussagen über Zukünftiges nicht möglich. Nach wissenschaftlichen Maßstäben lässt sich nicht einmal beweisen, dass morgen die Sonne aufgehen wird.[278] Was in der Zukunft kommen wird, ist grundsätzlich offen und durch Unvorhersehbarkeit und Nicht-Wissen geprägt. Wir haben Möglich-

---

nicht dazu.

277 Jes 55,8.

278 Den tatsächlichen Beweis für die Aussage, dass morgen „die Sonne aufgehen" wird, erhält man erst, wenn sie aufgeht.

keiten in Raum und Zeit vor uns. Mehr nicht. Es lassen sich zwar Vermutungen oder Hypothesen aufstellen, aber hier gilt, was der Wissenschaftstheoretiker Karl Popper formuliert hat: „Eine wissenschaftliche Hypothese kann nie verifiziert[279], sondern höchstens durch das Auffinden eines Gegenbeispiels falsifiziert[280] werden. Die Entscheidung darüber, ob eine Theorie wahr oder falsch ist, kann man nur dann mit Sicherheit treffen, wenn sie falsch ist. Andernfalls gilt die Theorie eben so lange, bis sie widerlegt wird.“[281] Eine Aussage über die Zukunft bleibt eine Theorie.

Ganz anders verhält es sich mit dem Wort Gottes. Hier spricht der allwissende und allgegenwärtige Schöpfer. Der Schöpfer selbst existiert in der Ewigkeit, aber nicht *nur* dort, nicht *nur* außerhalb oder jenseits von Raum und Zeit. Er ist ebenso in der Gegenwart anwesend, aber er lebt nicht eingeschlossen und gefangen im Hier und Jetzt wie der Mensch.

Gott „ist“. Für ihn ist nichts vergangen und abgeschlossen, denn er ist auch in der Vergangenheit gegenwärtig. Jesus sagte: „Wahrlich, wahrlich, ich sage euch: Ehe Abraham war, bin ich!“[282] Nicht: *war* ich, sondern Gegenwart – *bin* ich. Jesus ist der ewige, nicht erschaffene, zeitlose „Ich bin“. Der Mensch kann nur in der Gegenwart „Ich bin“ sagen. Gott jedoch ist auch in der menschlichen Zeitrechnung „Vergangenheit“ gegenwärtig.

Es gibt für Gott auch nichts, was erst in Zukunft auf ihn zukommen wird, sondern er ist jetzt auch in der Zukunft. Er ist allgegenwärtig in den menschlichen Zeitdimensionen von Vergangenheit, Gegenwart und Zukunft. Alles, was geschah, was jetzt geschieht und was noch geschehen wird, ist für Gott „gleichzeitig“. Er ist

---

279 Als unwiderruflich wahr erkennen.

280 Als widerlegt und falsch erkennen.

281 Peter C. Hägele, Rainer Mayer: Warum glauben – wenn Wissenschaft doch Wissen schafft, R. Brockhaus, S. 71.

282 Joh 8,58.

immer und überall – in allen Zeitdimensionen und an jedem Ort, der war, ist oder sein wird.

Weil Gott „das A und das O“, „der Anfang und das Ende“[283], *ist* und weil er Raum und Zeit umfasst, weiß er, was zu allen „Zeiten“ geschieht. Wenn er also Zukünftiges vorhersagt, dann spricht er als allwissender und ewiger Gott und als der Einzige, für den diese kommende Zeit „Gegenwart“ ist. Das heißt, aus menschlicher Sicht redet er über zukünftige Ereignisse, aus seiner Sicht über das „Jetzt“. Deshalb können Gläubige das, was der Schöpfer auch über die Zukunft der Schöpfung sagt, als Wahrheit ernst nehmen.

Und Jesus sagt Katastrophen voraus: die Zerstörung des Tempels in Jerusalem, die im Jahr 70 n. Chr.[284] auch tatsächlich geschah, sowie Kriege, internationale Unruhen, Plagen, Hungersnöte, Seuchen[285], große Erdbeben[286], „Schrecknisse“ und „große Zeichen vom Himmel“.[287] Jesus ist nicht gekommen, um die Schöpfung wieder in einen paradiesischen Zustand zu versetzen, mit Frieden und Freude für jeden und überall. Das war die jüdische Erwartung: Wenn der Messias komme, werde ihr Leid ein Ende haben. Das Neue Testament sagt aber, dass dies erst mit seiner Wiederkunft geschehen wird.

Was das Lebensumfeld des Menschen betrifft, gibt Jesus keine Entwarnung. Wegen des Sündenfalls der ersten Menschen ist auch die „Natur“[288] beschädigt, und gerade für die letzten Tage weist

---

283 Offb 22,13.

284 Ca. 1 100 000 Juden wurden dabei getötet, 97 000 versklavt.

285 Hunger, Seuchen und Krieg hängen nach Offb 6,8 eng zusammen.

286 Jesus sagte nicht, dass es mehr Erdbeben geben wird.

287 Mt 24,6-8; Mk 13,8; Lk 21,10f.

288 Nach der Bibel sind Mensch und das, was er „Natur“ nennt, nicht getrennte Schöpfungsbereiche, sondern eine Einheit: die Schöpfung. Die Bibel kennt keine „Natur“, die eigenständig und getrennt vom Schöpfer und vom Menschen einen Wert hat und ohne Bezug zum Schöpfer betrachtet und beurteilt werden könnte. Die atheistische Naturwissenschaft kann Gesetzmäßigkeiten in der „Natur“ erkennen. Ohne den

Jesus ausdrücklich darauf hin, dass Plagen, Seuchen, Hungersnöte und Erdbeben kommen werden. Es gab sie schon immer in der Geschichte der Menschheit. Dass im Neuen Testament vom Sohn Gottes selbst auf zukünftige Katastrophen der Natur aufmerksam gemacht wird, gibt diesen Ereignissen eine besondere Bedeutung: Es sind die Katastrophen der letzten Tage. Andersherum gesagt: Dass die letzten Tage, die Endzeit, mit dem ersten Kommen Jesu begonnen haben, ist auch an diesen negativen und sich verstärkenden Extremen[289] der nichtmenschlichen Schöpfung zu erkennen, die für den Menschen bedrohlich sind – und tödlich sein können.

Die Unsicherheiten und Bedrohungen durch Krieg, Hunger, Seuchen und Naturkatastrophen sind jedoch vor allem ein Warnsignal Gottes für den Menschen: Er soll erkennen, wie unsicher und bedroht seine Existenz ist. Gott ruft durch diese Nöte und in ihnen den Menschen auf, seinen Lebenssinn nicht im Irdischen zu suchen, sondern in der Ewigkeit bei ihm. Dieses Leben ist nicht alles. Auf den Menschen wartet das ewige Leben, und erst in ihm findet er seine Bestimmung: Frieden mit Gott, mit anderen Menschen und mit seinem Umfeld.

Katastrophen sind der Aufruf und Weckruf Gottes an die Menschen, zu ihm umzukehren. Denn „jetzt ist der Tag des Heils", jetzt gilt: „Wer an den Sohn Gottes glaubt, der hat ewiges Leben" (vgl. Joh 3,16). Deshalb sind die schweren letzten Tage – mehr als je zuvor – Missionszeit, eine Zeit der Gnade und des Heils, in der Menschen durch die Botschaft des Evangeliums zum Glauben an Christus kommen und errettet werden sollen.

Jesus sagt, dass lebensbedrohliche Nöte und Katastrophen geschehen müssen[290], damit das Neue kommen kann: eine neue Zeit

---

Schöpfer, der sie in Kraft setzte, wird sie aber nie die Ursachen dafür finden können. Deshalb hat sie die unwissenschaftliche Größe „Zufall" eingeführt. Zufälligkeit vermittelt aber keinen Sinn.

289 Bis zum totalen Zusammenbruch, wie in der Offenbarung beschrieben.

290 Mt 24,6.

und ein neues Leben. Davor liegt die Schöpfung in „Wehen“: „Die Schöpfung ist nämlich der Vergänglichkeit unterworfen, nicht freiwillig, sondern durch den, der sie unterworfen hat, auf Hoffnung hin, daß auch die Schöpfung selbst befreit werden soll von der Knechtschaft der Sterblichkeit zur Freiheit der Herrlichkeit der Kinder Gottes. Denn wir wissen, daß die ganze Schöpfung mitseufzt und mit in Wehen liegt bis jetzt.“[291]

Die Schöpfung „ist der Vergänglichkeit unterworfen“ durch den Schöpfer. Dieses Gericht war seine gerechte Reaktion auf die Sünde der ersten Menschen. Seitdem „seufzt“ auch die nichtmenschliche Schöpfung und „liegt in Wehen“, bis das Wirklichkeit wird, was der Schöpfer angekündigt hat: „Siehe, ich mache alles neu.“[292] Die Schöpfung wird neu geboren werden. Aber vorher kommen die Wehen.

Niemand weiß, wie lange diese letzten Tage dauern, aber im Vergleich zur kommenden, zeitlosen Ewigkeit ist diese Endzeit nur ein kurzer Augenblick. Den Gläubigen sagt Jesus, bei Katastrophen nicht zu erschrecken, sondern auszuharren und ihm weiter zu vertrauen.

Nach der Bibel gibt es Leid und Tod auch durch Naturkatastrophen. Es sind die Wehen vor dem Beginn einer neuen Zeitepoche, wenn Gott „abwischen (wird) alle Tränen von ihren Augen, und der Tod wird nicht mehr sein, weder Leid noch Geschrei noch Schmerz wird mehr sein; denn das Erste ist vergangen.“[293]

Doch was sagen Theologen, wenn ungläubige Menschen einen Nahestehenden durch einen Tsunami oder eine andere Naturkatastrophe verlieren? Wie antworten sie auf die Frage: Warum lässt der allmächtige und liebende Gott dieses Leid zu?

---

291 Röm 8,20-22.
292 Offb 21,5.
293 Offb 21,4.

Die Antworten sind ausweichend bis hilflos: „Vielleicht ist Gott gar nicht so allmächtig, wie wir es aus unserer menschlichen Perspektive sehen wollen.“[294] Oder: „Gottes Allmacht kann man sich nicht so vorstellen, dass er alles Böse und Unbegreifliche im Vorhinein aus dem Lauf der Dinge herausschneidet.“[295] Oder: „Wie soll ich an einen gütigen und allmächtigen Gott glauben, der eine solche Katastrophe nicht verhindert? Ich gebe ehrlich zu, dass ich darauf keine letzte Antwort habe. Und ich nehme an, dass wir in diesem Leben auch keine letzte Antwort bekommen werden“.[296]

Es gibt sie schon. Doch soll man ungläubigen, schockierten Trauernden nach einer Naturkatastrophe sagen, dass die Welt sich in den letzten Tagen befindet, dass sie in Wehen liegt, dass dies für Menschen mit Tod und Leid verbunden ist und dass dies alles sein *muss*? Es wäre theologisch richtig, aber zwischenmenschlich zynisch und grausam. Erst recht, wenn man darauf hinwiese, dass Naturkatastrophen der Aufruf und Weckruf Gottes an die Menschen sind, zu ihm umzukehren, und dass „jetzt der Tag des Heils“ ist, dass jetzt gilt: „Wer an mich glaubt, der hat ewiges Leben.“ Die letzten, schweren Tage, die Endzeit, sind zwar Missionszeit. Aber ganz bestimmt nicht dann, wenn ein verzweifelter Mensch in seinem Schmerz vor einem sitzt. Ihn gerade dann zur Umkehr und zur Hinwendung zum Erlöser aufzurufen und ihn auch noch unter Druck zu setzen, gehört zum Unchristlichsten, was Christen tun könnten.

Und wenn anerkannte Theologen um eine öffentliche Stellungnahme zum Leid des Menschen trotz eines liebenden Gottes

---

294 Ein Theologe in der „Westfalenpost“ vom 30. Dezember 2004.

295 Wolfgang Huber, ehem. Ratsvorsitzender der Evangelischen Kirche in Deutschland in einem Beitrag für „Spiegel Online“ anlässlich des Tsunamis in Südostasien.

296 Dr. Reinhard Kardinal Marx: Namensbeitrag zur Natur- und Nuklearkatastrophe in Japan. In: Münchner Kirchenzeitung, Ausgabe vom 27. März 2011.

gebeten werden, dann täten sie gut daran, sich nicht auf das philosophisch-Kant'sche „Wir wissen es nicht" zurückzuziehen. Das mag sich zwar nach frommer Bescheidenheit anhören. Oder auch nach Hilflosigkeit. Oder nach Kapitulation. Biblisch betrachtet versteckt man sich damit aber einfach hinter dem alttestamentlichen Hiob, philosophisch gesehen hinter dem Vernunftglauben Kants.

Was ist die Alternative? Helfen würde sicherlich, wenn anerkannte Theologen nicht sofort reflexartig als solche antworten, sondern sich zurücknehmen, sich vor ihrer Stellungnahme sogar erst einmal wegducken – damit die Frage, warum ein liebender Gott Leid zulässt, bei dem ankommt, an den sie eigentlich gerichtet ist: bei Gott selbst. Es ist doch der Geist Gottes, der uns in unserem Seufzen[297] beisteht. Wenn wir schwach sind, ist der Geist stark. Wenn wir zuerst ihn antworten lassen, wird er uns auch bei der Frage nach dem „Warum" des Leids sagen, wem wir wann und was antworten und wie wir helfen können. Seine Hilfe wird nicht in theologischen Vorträgen bestehen. Sondern sie wird eher das sein, was der Leidende zuerst braucht: Beistand. Unsere erste Reaktion kann dann durchaus so sein, wie es Paulus der Gemeinde in Rom nahelegte für den Fall, dass ein Glied leidet: „Weint mit den Weinenden!"[298]

Wenn wir ihm also nicht mit unserem gutgemeinten, aber eher hilflosen Vorpreschen im Weg stehen, sondern erst einmal auf den Geist Gottes hören, dann kann er unser Beistand sein, wenn Leid und Verzweiflung uns fragend machen. Gottes Geist wurde gesandt vom gekreuzigten und auferstandenen Christus, der

---

297 Röm 8,18.26. Doch anders als in den meisten Übersetzungen sollte es hier nicht „der Geist selbst tritt für uns ein mit unaussprechlichen Seufzern" heißen, sondern „in unaussprechlichen Seufzern". Der Geist Gottes hat keinen Grund, zu „seufzen". Die Kinder Gottes und die Schöpfung „seufzen in den Leiden der jetzigen Zeit", nicht der Geist Gottes.

298 Röm 12,15. Christen können jedoch trotz aller Bedrängnis fröhlich sein, „fröhlich in Hoffnung" (Ebd).

selbst die Erfahrung des größtmöglichen Leids, aber auch der vollkommenen Erfüllung von Hoffnung gemacht hat. Kreuz und Auferstehung Jesu umfassen alles menschliche Leid genauso wie das Ende des Leids. Es gibt kein Leid außerhalb von ihm. Es gibt kein Leid, das er nicht genauso erleidet.[299] Es gibt kein Ende des Leids ohne ihn. Und es gibt kein Leid ohne seine Liebe.

BOTEN, KNECHTE, MÄRTYRER

In der Offenbarung wird zum größten Teil über das berichtet, was kommen wird. Einschließlich Naturkatastrophen. In den Evangelien und den Briefen der Apostel ist von einem anderen Leiden die Rede: der Verfolgung der Jesusbekenner. An der Tatsache, dass es Leid gibt – auch für die Gerechten – hat sich im Neuen Testament nichts geändert. Auch dort sieht es bei Leid und Tod nicht besser aus als in Zeiten des Alten Bundes.

Der erste aus der neuen Heilsgemeinde Jesu, der gewaltsam starb, war Stephanus. Er gehörte zu den sieben Diakonen der Gemeinde in Jerusalem, „ein Mann voll Glaubens und Heiligen Geistes“[300], er besaß „Glauben und Kraft“, tat „Wunder und große Zeichen“[301] und verkündigte in den Jerusalemer Synagogen die Botschaft von Jesus mit „Weisheit und Geist“.[302] Stephanus wies darauf hin, dass der Tempel samt seinen Opfern nicht mehr der Ort der heilschaffenden Gegenwart Gottes ist. Nach einer Rede vor dem Hohen Rat (Sanhedrin) wurde er aufgrund falscher Anschuldigungen und Zeugen im Jahr 31 oder 32 n. Chr. gesteinigt.

---

299 Identifikation (eins machen), nicht nur Empathie (einfühlen, mitfühlen).
300 Apg 6,5.
301 Apg 6,8.
302 Apg 6,10.

Stephanus starb „voll Heiligen Geistes“[303]. Nach seinem Tod kam es zu einer „großen Verfolgung“ der Jerusalemer Christengemeinde.

Auch die zwölf Jünger, die von Jesus ausgesandt[304] wurden, konnten nicht in einer „heilen“ Welt ihre Aufgabe erfüllen. Sie sollten Boten sein, zu den „verlorenen Schafen des Hauses Israel“ gehen und verkündigen, dass das „Reich der Himmel nahe herbeigekommen ist“[305]. Sie erhielten Vollmacht „über die unreinen Geister, sie auszutreiben, und jede Krankheit und jedes Gebrechen zu heilen“[306], um so den Anbruch der Königsherrschaft Gottes zu bezeugen.

Aber die Zwölf wurden keine strahlenden Helden, die bis ins hohe Alter problemlos einen Evangelisations-Erfolg nach dem anderen verbuchen konnten. Jesus hatte ihnen gesagt: „Siehe, ich sende euch wie Schafe mitten unter die Wölfe.“[307] Denn sie hatten starke Feinde: einerseits das „Haus Israel“ – ihre ehemaligen jüdischen Glaubensbrüder –, aber auch die römisch-heidnische Weltmacht. Von einigen Aposteln weiß man aus der Bibel, dass sie wegen ihres Glaubens umgebracht wurden, in Bezug auf andere berichten apokryphe Schriften und Legenden über ihren Märtyrertod[308]:

» *Simon* (Schim’on Kefa) entstammte einem mittelständischen Fischerei-Familienbetrieb[309] am See Genezareth. Er

303 Apg 7,55.

304 Griech. „apostollein“.

305 Mt 10,7.

306 Mt 10,1.

307 Mt 10,16.

308 Nach Mt 10,2-4. Andreas und Philippus stammten aus Betsaida in der Nähe der griechischen Stadt Cäsarea Philippi, was auch ihre Namensgebung beeinflusste.

309 Die Fischer im Jüngerkreis Jesu gehörten zur gewerblichen Mittelschicht. Sie bekamen durch Elternhaus, Synagoge und Elementarschule eine gute Ausbildung und konnten sich mit ihrem griechisch sprechenden Umfeld verständigen, was auch für ihr Gewerbe wichtig war.

wurde durch Jesus in die Nachfolge gerufen, erhielt den Beinamen „Kephas“[310]/„Petrus“[311], weil er als „Fundamentstein“ Verantwortung für die Gemeinde in Jerusalem übernehmen sollte, was er bis ins Jahr 41 n. Chr. auch tat. In diesem Jahr wurde er von Herodes Antipas verhaftet und sollte hingerichtet werden, weil es den „Juden in Israel gefallen würde“. Er kam nach „unablässligem Beten“[312] der Gemeinde durch einen „Engel des Herrn“ frei.[313] Petrus war zudem Anführer der Zwölf, an Pfingsten war er Wortführer der 120 Jünger der Jerusalemer Gemeinde. Petrus missionierte nach 41 n. Chr. unter Juden und Heiden und war Gemeindegründer u. a. in Rom, wo er während der Christenverfolgung unter Nero gekreuzigt wurde – wahrscheinlich im Jahr 67 n. Chr. Angeblich auf eigenen Wunsch mit dem Kopf nach unten[314], weil er sich als unwürdig empfand, wie Jesus zu sterben.

» *Andreas* wurde zusammen mit seinem Bruder Simon von Jesus in die Nachfolge gerufen. Nach den apokryphen „Andreasakten“ soll er in Amaseia in Galatien Wunder gewirkt und danach als Missionar im griechischen Patrai/Patras in Achaia ebenfalls zahlreiche Wundertaten vollbracht haben. Angeblich ist er dort unter dem Prokonsul Aegeates, dessen Frau Maximilla sich bekehrte, den Märtyrertod an einem X-förmigen Kreuz gestorben (evtl. am 30. November 60 n. Chr.).

---

310 Aramäisch „Kefas“ = Stein, Fels.

311 Griechisch „Petros“ = Fels.

312 Apg 12,5.

313 Apg 12,7.

314 Eusebius von Cäsarea: Kirchengeschichte, Drittes Buch, 1. Kapitel.

» *Jakobus* (Ja'akov Ben Savdai), Sohn des Fischerei-Unternehmers Zebedäus, wurde im Jahr 41 n. Chr. in Jerusalem als erster der 12 Apostel getötet – Herodes Agrippa I. ließ ihn enthaupten.

» *Johannes* (Jochanan), Bruder von Jakobus, der „Jünger, den Jesus liebte“, erlebte als einziger der Zwölf die Kreuzigung Jesu direkt mit und war der erste, der das leere Grab sah. Nachdem er unter Kaiser Domitian auf die Insel Patmos verbannt wurde und dort die Offenbarung niederschrieb, wirkte er in einigen Städten der Provinz Asia.[315] Es gab dort neben anderen[316] auch Gemeinden in Smyrna, Pergamon, Thyatira, Sardes, Laodizea, Philadelphia und Ephesus. In den letzten Jahren des 1. Jahrhunderts wirkte Johannes in Ephesus und starb dort um 100 n. Chr. eines natürlichen Todes – wohl als einziger Apostel.

» *Philippus*, Jünger von Johannes, wurde der Legende nach in Hierarpolis gekreuzigt.

» *Bartholomäus* (Bar-Talmai/Sohn des Talmai, evtl. „Nathanael“ im Johannesevangelium) wurde in Syrien enthauptet.

» *Thomas* (Teoma), der „Zwilling“, war Zweifler an den Berichten über die Auferstehung Jesu, aber auch Bekenner der göttlichen Messianität Jesu. Er soll als Missionar im Süden und Osten Indiens gewirkt haben, wo er im Jahr 72 n. Chr. wegen seines missionarischen Erfolgs angeblich von einem

---

315 Außer den eigenen Sendschreiben gibt es auch Hinweise auf das Wirken von Johannes in diesen Gemeinden bei Irenäus, Clemens von Alexandrien, Tertullian und in den apokryphen Johannesakten.

316 In Troas (Apg 20,6-12; 2Kor 2,12), Hierapolis (Kol 4,13), Kolossä (Kol 1,2) und Milet (Apg 20,17).

eifersüchtigen und zornigen Brahmanen mit einer Lanze getötet wurde.

» *Matthäus* (Matitjahu) stand als Zöllner im römischen Staatsdienst in Kafarnaum, sein jüdischer Name war Levi. Von Matthäus stammt das erste Evangelium, geschrieben in hebräischer Sprache vor allem für Judenchristen. Es entstand um das Jahr 60, eventuell 64 n. Chr. Eine wesentliche Botschaft des Matthäusevangeliums ist der Nachweis, dass Jesus von Nazareth „Sohn Abrahams" und „Sohn Davids", das heißt der im Alten Testament verheißene Messias ist. Matthäus starb als Märtyrer in Äthiopien an einer Schwertwunde.

» *Jakobus der Jüngere* (Ja'kov Bar Chalfai), Sohn des Alphäus, war Missionar im südwestlichen Palästina und in Ägypten. Einige Quellen berichten, dass er in der ägyptischen Stadt Ostrakine gekreuzigt wurde. Nach anderen Quellen starb er als Märtyrer in Persien.

» *Lebbäus* (Thaddäus/Taddai/Judas Jakobaeus/Bruder des Jakobus), missionierte in Edessa und kam nach einer apokryphen Erzählung als Märtyrer um.

» *Simon der Kananiter* (Schim'on Zelotes), der Legende nach mit Leabbäus in Nordpersien umgebracht.

» *Judas Ischariot* (Jehuda aus Kiriot), zuständig für die „Finanzen" des Jüngerkreises, aber ein „Dieb" und „Verräter unter dem Einfluss Satans", erhängte sich im Jahr 30.

Auch den Evangelienschreibern Markus und Lukas erging es nicht besser. Johannes Markus war zeitweise mit Paulus und seinem Vetter Barnabas auf Missionsreisen, aber auch mit Petrus. Die frühkirchliche Tradition[317] sieht ihn als Missionar in Ägypten und als Gründer der Gemeinde in Alexandria, wo er ca. 68 n. Chr. den Märtyrertod gestorben sein soll. Das Neue Testament verbindet ihn mit Jerusalem, Antiochien, Zypern, Kleinasien und Rom; dass er in Ägypten war, ist dem Neuen Testament nicht zu entnehmen.

Lukas, vor seiner Bekehrung Prosyleth[318] oder Heide, sprach hervorragendes Griechisch und gehörte als Arzt zu den Gebildeten. Er missionierte unter Juden und Heiden und war zeitweise Begleiter des Paulus (Antiochien, Galatien, Makedonien). Lukas wurde während der Christenverfolgung unter Nero im Jahr 67 in Rom geköpft.

Noch vor ihm wurde Jakobus „der Kleine", der „Bruder des Herrn" und Hauptverantwortlicher der Jerusalemer Gemeinde ab dem Jahr 41 n. Chr. mit einigen anderen ca. 62 n. Chr. auf Veranlassung des sadduzäischen Hohenpriesters Ananus (Hannas II) wegen „Gesetzesübertretung" durch Steinigung getötet.[319]

Sein Nachfolger in diesem Amt war ebenfalls ein Verwandter Jesu: Symeon bar-Kleopas, Sohn des Kleopas, ein Bruder von Joseph, dem Ziehvater Jesu. Auch er starb als Märtyrer. Der Kirchenschriftsteller Hegesippus[320] (ca. 90-180 n. Chr.) berichtet, dass der schon 120-jährige Symeon tagelang gefoltert und schließlich gekreuzigt wurde. Der Mord geschah während der Herrschaft Trajans, der von 98 bis 117 n. Chr. römischer Kaiser war.

Doch die Jesusnachfolger litten nicht nur unter Verfolgung. Dass es noch andere Probleme gab, berichtet vor allem Paulus. Er wurde als „Scha'ul" (Saul/Saulus) in einer Familie gesetzestreuer

---

317 Clemens von Alexandrien, Eusebius, Epiphanius, die Markus- und Barnabasakten, Hieronymus, Johannes Chrysostomos.

318 „Hinzugekommener, Fremdling", ein Heide, der sich zum Judentum bekehrt hat.

319 Von Flavius Iosephos (37/38 bis ca. 100 n. Chr.) berichtet.

320 Eusebius von Caesarea: Kirchengeschichte.

und wohlhabender Juden aus dem Stamm Benjamin in Tarsus[321]/ Zilizien geboren. Seine Eltern waren fromme Juden[322], arbeiteten als Leinenweber[323] und besaßen das römische Bürgerrecht, wahrscheinlich auch das tarsische. Saulus erhielt in Tarsus eine jüdische und höchstwahrscheinlich auch eine hellenistische Ausbildung, zu der auch Philosophie[324] gehörte. Er sprach Griechisch, Aramäisch und Hebräisch. Als junger Erwachsener ging er nach Jerusalem und begann ein Thorastudium bei Gamaliel I, dem bedeutendsten pharisäischen Rabbi jener Zeit, der auch Mitglied des Sanhedrins war.

Saulus verfolgte, ausgestattet mit der Vollmacht des Hohenpriesters, die Anhänger Jesu in Jerusalem, vollzog Verhaftungen, nahm in den Synagogen Züchtigungen vor und zwang die Gläubigen, Jesu abzuschwören.[325] Er war bei der Tötung des Stephanus dabei und stimmte ihr zu. Er hatte vor, Christen auch in Damaskus zu verfolgen, um sie „gefesselt nach Jerusalem zu führen".[326] In Damaskus gab es eine große jüdische Gemeinde[327] und auch schon eine Gruppe griechisch-sprachiger Juden- und Heidenchristen.

---

321 In der damaligen römischen Provinz Syria mit der Hauptstadt Antiochia. Zur Zeit von Saulus hatte Tarsus über 500.000 Einwohner aus Nicht-Juden und Juden. Die Stadt war bedeutendes Handelszentrum zwischen Mittelmeer und Schwarzem Meer und zwischen der Ägäis und Antiochia. Heute liegt Tarsus in Ost-Anatolien und hat ca. 300 000 Einwohner.

322 Der Vater war vermutlich schon als Pharisäer der jüdischen Tradition verpflichtet (vgl. Apg 23,6).

323 Paulus arbeitete in Korinth vorübergehend als „Zeltmacher" beim judenchristlichen Ehepaar Aquila und Priscilla. Zelte wurden damals für das Militär aus Leder, für Privatpersonen aus Leinen hergestellt.

324 Hinweise darauf in Apg 17,16-34 (Aeropagrede) und im 1. Korintherbrief (1Kor 1,17.18-25).

325 Apg 9,1ff.

326 Apg 22,5.

327 Damaskus in der damaligen römischen Provinz „Syria" hatte ca. 45 000 griechisch geprägte Bewohner. Der jüdische Historiker Josephus berichtet, dass davon ca. 18 000 Juden waren. Sie praktizierten ihren Glauben in Synagogengemeinschaften und Haussynagogen.

Auf der Reise nach Damaskus (ca. 31/32 n. Chr.) sah Saulus in einer Erscheinung „den Herrn“, der sich als Jesus identifizierte und ihm seine Verfolgungen vorwarf. Saulus wird vom auferstandenen Jesus als „auserwähltes Werkzeug“ [328] zum Heidenmissionar berufen[329]. Während der Christenverfolgung im 13. Regierungsjahr Kaiser Neros (13. Oktober 66 bis 12. Oktober 67 n. Chr.) wurde „Paulus“ (bzw. griechisch „Paulos“), wie er sich seit seinen Missionsreisen zu den griechisch sprechenden Heiden und Diaspora-Juden nannte, in Rom enthauptet.

Dass die 35 Jahre seiner missionarischen Tätigkeit alles andere als unbeschwert und einfach waren, beschreibt Paulus vor allem in seinen zwei Briefen an die Gemeinde in Korinth. Abgesehen von Problemen innerhalb der Gemeinde schildert er auch seine persönliche Situation als „berufener Apostel Jesu Christi durch Gottes Willen“: „Bis zu diesem Augenblick leiden wir Hunger und Durst. Wir haben nicht genug anzuziehen. Wir werden geschlagen und misshandelt. Nirgends haben wir ein Zuhause. Wir leisten harte körperliche Arbeit, um selbst für unseren Unterhalt aufzukommen. Man verflucht uns, aber wir segnen; man verfolgt uns, aber wir geben nicht auf. Auf Beleidigungen reagieren wir mit freundlichen Worten. Die Welt behandelt uns, als wären wir Abfall; wir sind der Abschaum der Gesellschaft – und daran hat sich bis heute nichts geändert.“[330]

Paulus ordnet seine Leiden nicht als eine persönliche Angelegenheit ein, sondern „als Leiden Christi“: „Denn wie die Leiden des Christus sich reichlich über uns ergießen, so fließt auch durch Christus reichlich unser Trost. Haben wir Bedrängnis, so geschieht es zu eurem Trost und eurer Rettung, die sich wirksam erweist in standhafter Erduldung derselben Leiden, die auch wir erleiden;

---

328 Apg 9,15.

329 Aber auch zum „Volk Israel“ (Apg 9,15).

330 1Kor 4,11-13 (Neue Genfer Übersetzung).

werden wir getröstet, so geschieht es zu eurem Trost und eurer Rettung; und unsere Hoffnung für euch ist gewiss, da wir wissen: Gleichwie ihr Anteil an den Leiden habt, so auch am Trost."[331] Es ist nicht nur sein Leiden, es leidet der Leib Christi mit den Gläubigen als Gliedern, und es leidet Christus selbst.

Paulus schreibt in der Mehrzahl. Nicht nur er leidet auf seinen Missionsreisen und in Gefängnissen[332], sondern er weiß, dass es auch den anderen Aposteln und ihren Mitarbeitern nicht besser ergeht.[333] Auch sie haben nicht genug anzuziehen, bzw. „kommen in Lumpen daher", leiden unter Hunger und Durst, werden durch Geißelung und Prügelstrafe misshandelt, sind heimatlos und müssen mühsam arbeiten – sowohl in ihrer Gemeindegründungsarbeit und Lehrtätigkeit als auch für den eigenen Lebensunterhalt. Von der lokalen Bevölkerung werden die Apostel beleidigt, verflucht und verfolgt. Sie sind dahergelaufene Herumtreiber, der „Abschaum der Gesellschaft", der letzte Dreck.

Für Juden widersprach ihre Botschaft vom gekreuzigten Messias komplett ihrer Erwartung, dass Gott mit machtvollen Zeichen rettend eingreifen wird. Das passte zu einem am Kreuz Verfluchten und Hingerichteten ganz und gar nicht. Diese Botschaft war ein Ärgernis, was die Verkünder zu hören und körperlich zu spüren bekamen. Für die Heiden war das Evangelium eine Torheit, einfach nur Unsinn, wofür die Apostel Hohn und Spott einstecken mussten. Wäre Saulus Pharisäer geblieben, hätte er Karriere machen und in

---

331 2Kor 1,5-7.

332 In den Jahren 57 bis 59 in Cäsarea in erleichterter Militärhaft (Untersuchungshaft), in der er Besucher empfangen konnte, und 60 bis 62 in Rom, wo er in einem angemieteten Privathaus an einen Bewacher angekettet war, aber „alle, die zu ihm kamen, empfangen konnte". Auch in Haft „verkündigte er das Reich Gottes und lehrte von dem Herrn Jesus Christus mit aller Freimütigkeit und ungehindert" (Apg 28, 30).

333 Das Leiden ist auch ein zentrales Thema des 1. Petrusbriefs. Dort vor allem als psychisches Leid auf Grund verbaler Anfeindungen, Abwertung, Verleumdung, Rufmord und übler Nachrede durch die nichtchristliche Umwelt.

einer einflussreichen und angesehenen Stellung ein angenehmes Leben genießen können. Als Apostel und Knecht Jesu Christi erlebte er genau das Gegenteil: Jetzt gehörten er und die anderen Apostel zu den Narren, den Schwachen, den Verachteten. Sie leiden „Hunger und Durst und Blöße, werden geschlagen und haben keine Bleibe“[334], sind Geschmähte, Beschimpfte und Verfolgte. Paulus berichtet nicht nur den korinthischen Brüdern, sondern auch den Gemeinden in Rom, Ephesus, Philippi und Thessalonich, dass er und seine Mitarbeiter in ständiger „Bedrängnis“ sind und auch die Briefempfänger nichts Besseres zu erwarten haben.

In seinem zweiten Brief an die Gemeinde in Korinth schildert er in einer lange Liste seine Leiden noch genauer: „Ich nahm weit mehr Mühen auf mich als sie, war weit öfter im Gefängnis, wurde ungleich häufiger ausgepeitscht, war wieder und wieder vom Tod bedroht. Von den Juden habe ich fünfmal die „vierzig Hiebe weniger einen“ bekommen. Dreimal wurde ich mit der Rute geschlagen, einmal wurde ich gesteinigt, dreimal habe ich einen Schiffbruch erlebt, und einmal trieb ich einen ganzen Tag und eine ganze Nacht auf dem offenen Meer. Ich habe viele beschwerliche Reisen unternommen und war dabei ständig Gefahren ausgesetzt: Gefahren durch reißende Flüsse, Gefahren durch Wegelagerer, Gefahren durch Menschen aus meinem eigenen Volk, Gefahren durch Menschen aus anderen Völkern, Gefahren in den Städten, Gefahren in der Wüste, Gefahren auf hoher See, Gefahren durch Leute, die sich als meine Geschwister ausgaben. Ich nahm Mühen und Anstrengungen auf mich, musste oft ohne Schlaf auskommen, litt Hunger und Durst, war häufig zum Fasten gezwungen, ertrug bittere Kälte und hatte nichts anzuziehen. Und als wäre das alles nicht genug, ist da auch noch der Druck, der täglich auf mir lastet – die Sorge um alle Gemeinden.“ [335] Redet Paulus hier als der

334 1Kor 4,10f.

335 2Kor 11,23-29 (Neue Genfer Übersetzung). Weitere Bemerkungen über

Kämpfer an der Front, der der Gemeinde in Korinth klarmachen möchte, dass er Verfolgung, Todesgefahren, Entbehrungen und Sorgen heldenhaft durchsteht und seinen Auftrag gegen alle Widerstände entschlossen erfüllt? Oder sagt er das alles, damit die Gemeinde erfährt, was für ein demütiger und tapferer Verkünder er ist und wie viel Leid er wegen seiner Christus-Botschaft auf sich nimmt, sodass sie dankbar und voller Mitleid aber auch Bewunderung auf ihren Lehrer schauen?

Weder das eine noch das andere. Paulus ist weder der aktive Kämpfer für den Herrn noch der passive Erdulder schwierigster Umstände. Er wurde nach seinem Damaskus-Erlebnis vom erhöhten Herrn als Werkzeug ausgewählt, „um meinen Namen vor Heiden und Könige und vor die Kinder Israels zu tragen! Denn ich werde ihm zeigen, wieviel er leiden muss um meines Namens willen.“[336]

Paulus wirkte als „Werkzeug des Herrn“. Und ein Werkzeug kann nicht entscheiden, wo, wie, wann und unter welchen Umständen es benutzt wird. Als Paulus später in Jerusalem im Tempel betete, bekam er vom erhöhten Christus die Bestätigung, dass er zu „anderen Völkern in weit entfernte Länder“ gesandt wird, um dort Juden und Heiden die Botschaft von Jesus zu verkünden: „Öffne ihnen die Augen, damit sie umkehren und sich von der Finsternis zum Licht wenden und von der Macht des Satans zu Gott. Dann werden ihnen ihre Sünden vergeben, und sie werden zusammen mit allen anderen, die durch den Glauben an mich zu Gottes heiligem Volk gehören, ein ewiges Erbe erhalten.“[337] Diesen Auftrag führte Paulus „in der Verantwortung vor Gott und in der Abhängigkeit von Christus“ aus.[338]

---

seine Leiden in 2Kor 4,7-12; 6, 4-10; 12,10; Röm 8,35; Phil 4,11-13; 2Tim 3,10-12.

336 Apg 9,15f.

337 Apg 26,18 (Neue Genfer Übersetzung).

338 2Kor 12,19 (Neue Genfer Übersetzung).

Paulus war Apostel, also Gesandter, Beauftragter, Bote und „Knecht“ Jesu, handelte im Namen des erhöhten Herrn und in Abhängigkeit von ihm und tat dies in Verantwortung vor Gott und unter Führung des Heiligen Geistes.[339] Ein Bote muss die Botschaft seines Auftraggebers so überbringen, wie sie ihm anvertraut wurde; ein Knecht muss das tun, was sein Herr sagt, und es so tun, wie sein Herr es befiehlt. Paulus handelte nicht aus eigenem Antrieb und in eigener Kraft, sondern für die Weitergabe der Botschaft und die Art und Weise ihrer Verkündung war er seinem Herrn verantwortlich; es ging nicht nach seinem Willen, sondern Paulus war dazu da, den Willen des Herrn auszuführen. Und deshalb kommen auch von ihm – und nur von ihm – Hilfe und Kraft.

Er und auch die anderen Apostel und Missionare sahen sich als „Gottesknechte“[340], deren vorrangige menschliche Qualifikation darin bestand, schwach zu sein. Paulus hat das vom erhöhten Herrn selbst gehört: „Und er hat zu mir gesagt: Lass dir an meiner Gnade genügen; denn meine Kraft ist in den Schwachen mächtig. Darum will ich mich am allerliebsten rühmen meiner Schwachheit, damit die Kraft Christi bei mir wohne. Darum bin ich guten Mutes in Schwachheit, in Misshandlungen, in Nöten,

---

339 Jesusnachfolger sind keine willenlosen Marionetten. Wenn sie sich jedoch bei der Verkündigung des Evangeliums vom Geist Gottes führen lassen, übernimmt er die Entscheidungen – auch entgegen der menschlichen Absichten und Wünsche. So war es auch bei Paulus: Der Geist Gottes hat ihn daran gehindert, seine Pläne für die Reisen nach Ephesus und in die Region Bithynien umzusetzen. Auch die Reise zur Gemeinde in Rom verlief nicht wie geplant.

340 Indem sie den Auftrag des Gottesknechts im Jesajabuch erfüllen (Jes 42,6-7.16; 49,8). Auf das stellvertretende Leiden Jesu als dem bei Jesaja prophezeiten Gottesknecht wird z. B. in der Apostelgeschichte (Kapitel 3 und 4), und in 1Kor 15,3, Phil 2,7, 1Petr 2,21ff, Röm 5,12 und 2Kor 5,21 hingewiesen. Das gesamte Wirken Jesu ist messianisches Erfüllungsgeschehen nach Jesaja (siehe Kapitel 42,52.53.61).

in Verfolgungen und Ängsten um Christi willen; denn wenn ich schwach bin, so bin ich stark."[341]

Der Gemeinde in Philippi schreibt er: „Ich habe nämlich gelernt, mit der Lage zufrieden zu sein, in der ich mich befinde. Denn ich verstehe mich aufs Armsein, ich verstehe mich aber auch aufs Reichsein; ich bin mit allem und jedem vertraut, sowohl satt zu sein als auch zu hungern, sowohl Überfluss zu haben als auch Mangel zu leiden. Ich vermag alles durch den, der mich stark macht, Christus."[342]

Im zweiten Brief an seinen Schüler Timotheus berichtet Paulus von Verfolgungen, die er ertragen hat: „Aus allen hat mich der Herr gerettet."[343] Und etwas später schreibt er: „Der Herr aber stand mir bei und stärkte mich, damit durch mich die Verkündigung völlig ausgerichtet würde und alle Heiden sie hören könnten; und so wurde ich erlöst aus dem Rachen des Löwen. Der Herr wird mich auch von jedem boshaften Werk erlösen und mich in sein himmlisches Reich retten. Ihm sei die Ehre von Ewigkeit zu Ewigkeit! Amen."[344]

„Gottesknechte" sind sich ihrer Schwachheit bewusst. Die Frucht des Geistes macht sie jedoch stark, stark im Herrn. Nur so können sie dem in Jesaja beschriebenen Gottesknecht nachfolgen, der im Neuen Testament – z. B. von Philippus, Petrus und auch Paulus – mit Jesus Christus gleichgesetzt wird. Und Nachfolge bedeutet „Kreuzesnachfolge". Jesus sagt: „Wer mir nachkommen will, der verleugne sich selbst und nehme sein Kreuz auf sich und folge mir nach!"[345]

---

341 2Kor 12,9f (Luther 1984).

342 Phil 4,11-13.

343 2Tim 3,11.

344 2Tim 4,17f.

345 Mk 8,34-35.

Wie Jesus leiden musste und „verworfen“ wurde, so ergeht es auch seinen Nachfolgern. Sie sind schwach, sie leiden, sind heimatlos und in den Augen der jüdischen und heidnischen Bevölkerung nichts wert. Als sie in die Nachfolge gerufen wurden, war das auch der Ruf zum Kreuz – und damit ins Leid. Und wozu das alles? Petrus schreibt in seinem ersten Brief an die Gemeinden, dass sie, „wenn es sein muss, traurig sind wegen mancherlei Anfeindungen“, dass aber ihr Glaube durch „mancherlei Anfechtungen“ erprobt wird und im Falle der Bewährung „Lob, Ehre und Herrlichkeit“ zur Folge habe bei der „Offenbarung Jesu Christi“. So werden sie „das Endziel ihres Glaubens davontragen“, nämlich die Errettung der Seelen“.[346] Leiden erzeugt keinen Glauben, sondern bringt ihn „gereinigt“ wie Gold im Feuer hervor, wenn er wirklich vorhanden ist. Eins ist das Leid bei Petrus nie: eine pädagogische Maßnahme Gottes. Die Entscheidung, als Jesusnachfolger zu leben, bringt Leiden mit sich.

Auch die ganz „normalen“ Jesusnachfolger in den Gemeinden sind also nicht besser dran als die Apostel. Der Apostel Jakobus erwähnt in seinem Brief an die Gemeinden Gläubige, die in ärmlichen Verhältnissen leben.[347] Paulus berichtet über die Brüder in Korinth[348], dass es dort – nach menschlichen Maßstäben – nicht viele „Weise“, also Gebildete gibt, nicht viele „Mächtige“, das heißt solche mit Vermögen und Einfluss, nicht viele „Vornehme“ oder „Angesehene“ aus den aristokratischen Familien der Stadt.[349]

---

346 1Petr 1,6-9.

347 Jak 2,15.

348 1Kor 1,26-27.

349 Ein großes Thema des 1. Korintherbriefs sind gerade die Probleme mit wohlhabenden und griechisch-philosophisch gebildeten Christen in der Gemeinde. Sie waren noch römisch geprägt, speisten mit ihren heidnischen Freunden in den Tempeln der Stadt, hatten dabei Kontakt mit Prostituierten, bedeckten ihren Kopf als Zeichen ihrer herausgehobenen Stellung, konnten sich Prozesse bei Gericht leisten und gönnten sich üppige Festmahle – mit den Armen in der Gemeinde als Zuschauer. Sie fühlten sich wegen ihres gehobenen gesellschaftlichen Status anderen in der Gemeinde überlegen und verunsicherten sie mit philosophischen

Sondern die an Christus Gläubigen gehören meist zu den „Törichten", „Schwachen", „Unedlen" und „Verachteten". Sie sind, wie die Apostel, nach weltlichen Maßstäben nichts wert, es sind die untersten Schichten der Bevölkerung, einfache Handwerker, Landarbeiter, Hafenarbeiter, freigelassene Sklaven und Sklaven.

Auch in der korinthischen Gemeinde gab es Hunger[350], es gab schwache und kranke Christen, und einige von ihnen waren bereits gestorben, obwohl dort alle Gnadengaben vorhanden waren, auch die der „Heilungen" und der „Wirkungen von Wunderkräften".[351] Das Neue Testament berichtet ebenfalls von Mitarbeitern der Apostel, die krank waren, z. B. Epaphroditus, Timotheus und Trophimus. Paulus selbst hatte neben all seinen geschilderten Nöten noch mit einem besonderen und hartnäckigen Problem zu kämpfen: mit einem „Pfahl fürs Fleisch"[352], einem „Engel Satans", der ihn „mit Fäusten schlagen soll" und es auch hartnäckig tut. Und der Herr erlöst ihn nicht davon.

Meinungen, die nicht mit den Lehren von Paulus übereinstimmten. Sie glaubten z. B. nicht an eine leibliche Auferstehung der Toten.

350 In den Provinzen des Römischen Reichs gab es immer wieder Hungersnöte. So auch in den Jahren 41–54 n. Chr. Betroffen waren davon neben Rom und Jerusalem auch die Provinz Achaia und ihre Hauptstadt Korinth.

351 1Kor 12,9f.

352 2Kor 12,7. Es ist nicht sicher, was damit gemeint ist. Es könnte sein, dass mit dem „Engel Satans" einer der falschen und betrügerischen „Apostel" gemeint ist, die als Boten Christi auftreten, aber Diener Satans sind. Paulus wird von einem oder mehreren dieser satanischen Betrüger verfolgt, verleumdet und mit Unterstellungen und Lügen andauernd angegriffen. Diese „Widersacher" wollen seinen Ruf und seinen Auftrag zerstören. Paulus berichtet im Galaterbrief (4,15) aber auch von einer „leiblichen Schwäche", die für die Gemeinde „ein Anstoß" hätte werden können.

TROTZ LEID KEIN „WARUM?"

Im Neuen Testament liest man vom Leid der Gläubigen in allen Varianten. Wovon man aber nichts liest, ist die Frage nach dem „Warum". Stephanus und der Herrenbruder Jakobus starben den Märtyrertod, und nirgends wird der Herr gefragt, warum er diese Morde zugelassen hat. Petrus hätte das in seinen Briefen fragen können. Oder Lukas. Oder Johannes. Wohl kein apostolischer Missionar außer Johannes ist eines natürlichen Todes gestorben. Aber der Lieblingsjünger Jesu, der sie alle überlebte, fragt in keinem seiner Briefe, warum Gott der Herr nicht eingeschritten ist, um den gewaltsamen Tod seiner Mitknechte zu verhindern. Nirgends im Neuen Testament wird Gott gefragt, warum er zulässt, dass Jesusnachfolger leiden müssen und wegen ihrer Botschaft in die Sklaverei geschickt[353], vertrieben[354], wegen ihres „gottlosen Aberglaubens" gemartert und umgebracht wurden[355] oder ihnen verboten wurde, Christ zu sein[356]. Nie wird der Herr gefragt, wie er mitansehen kann, das seine Christen als Sklaven ohne geringste Rechte Ungläubigen dienen müssen und einfach gekauft und verkauft werden können wie ein Stück Vieh.[357] Und wie es möglich ist, dass sogar Christen solche weiterhin als Sklaven behalten, die Christen geworden sind.

Im Neuen Testament ist die Frage nach dem „Warum" des Leids und des gewaltsamen Todes der Gläubigen nicht zu hören. Es gibt keinen wie David, der von Gott Gründe für Leid und Tod hören

---

353 Unter Tiberius (14-37 n. Chr.).

354 Aus Rom unter Claudius (41-54 n. Chr.), zusammen mit Juden.

355 Unter Nero (54-68 n. Chr).

356 Unter Nero.

357 Im Gegenteil, Petrus schreibt, dass diese „Hausknechte" sich in aller Furcht ihren Herren unterordnen sollen, „nicht nur den guten und milden, sondern auch den verkehrten. Denn das ist Gnade, wenn jemand aus Gewissenhaftigkeit gegenüber Gott Kränkungen erträgt, indem er zu Unrecht leidet" (1Petr 2,18).

möchte, keinen, der dem Herrn in den Ohren liegt und fragt: „Warum schläfst du?“, „Warum hast du uns verworfen?“, „Wie lange, oh Herr?“, oder ihn auffordert: „Herr, erhebe dich!“ Im Neuen Testament wird nicht gefragt, weil die Antwort schon gegeben wurde: Nachfolge ist Nachfolge mit dem Kreuz. Jesus hat es seinen Jüngern angekündigt: „Wenn euch die Welt haßt, so wißt, daß sie mich vor euch gehaßt hat. Wenn ihr von der Welt wärt, so hätte die Welt das Ihre lieb; weil ihr aber nicht von der Welt seid, sondern ich euch aus der Welt heraus erwählt habe, darum haßt euch die Welt. Gedenkt an das Wort, das ich zu euch gesagt habe: Der Knecht ist nicht größer als sein Herr. Haben sie mich verfolgt, so werden sie auch euch verfolgen.“[358] Paulus schreibt an Timotheus: „Alle, die gottesfürchtig leben wollen in Christus Jesus, werden Verfolgung erleiden.“[359] Den Philippern schreibt er: „Denn euch wurde, was Christus betrifft, die Gnade verliehen, nicht nur an ihn zu glauben, sondern auch um seinetwillen zu leiden, so daß ihr denselben Kampf habt, den ihr an mir gesehen habt und jetzt von mir hört.“[360]

Ebenso Petrus: „Denn das ist Gnade, wenn jemand aus Gewissenhaftigkeit gegenüber Gott Kränkungen erträgt, indem er zu Unrecht leidet.[361] [...] Denn dazu seid ihr berufen, weil auch Christus für uns gelitten und uns ein Vorbild hinterlassen hat, damit ihr seinen Fußstapfen nachfolgt.“[362]

Vorher kommt schon von Jesus selbst der konkrete Hinweis, dass seine direkten Jünger und alle späteren Nachfolger in schwierige Umstände kommen werden. Er gibt eine Vorschau auf sein

358 Joh 15,18-20.

359 2Tim 3,12. Aktuell werden weltweit etwa 100 Millionen Christen verfolgt. Keine religiöse Gruppierung leidet mehr wegen ihres Glaubens an Misshandlungen und unter Nachteilen im privaten oder beruflichen Leben.

360 Phil 1,29.

361 1Petr 2,19.

362 1Petr 2,21.

Urteil als König im Endgericht: „Dann wird der König denen zu seiner Rechten sagen: Kommt her, ihr Gesegneten meines Vaters, und erbt das Reich, das euch bereitet ist seit Grundlegung der Welt! Denn ich bin hungrig gewesen, und ihr habt mich gespeist; ich bin durstig gewesen, und ihr habt mir zu trinken gegeben; ich bin ein Fremdling gewesen, und ihr habt mich beherbergt; ich bin ohne Kleidung gewesen, und ihr habt mich bekleidet; ich bin krank gewesen, und ihr habt mich besucht; ich bin gefangen gewesen, und ihr seid zu mir gekommen. [...] Was ihr einem dieser meiner geringsten Brüder getan habt, das habt ihr mir getan!“[363]

Leid wegen Mangel und Verfolgung hat nichts mit einer „Strafe Gottes“ zu tun, sondern ist Zeichen für die Zugehörigkeit zum Leib Christi, also zum Herrn. Die Nachfolger Jesu werden es durch alle Zeiten auf dieser Welt nicht leicht haben. „Sein Leib“ wird leiden; es wird Nachfolger geben, denen zeitweise das Notwendigste fehlt, die flüchten müssen, krank sind oder ins Gefängnis kommen. Das wird so bleiben, bis Jesus wiederkommt. Jesusnachfolger werden nicht *nur* leiden, aber ohne Leid wird es nicht gehen.

Paulus sagt, dass Gott den Christen nicht nur die Gnade des Glaubens an ihn gegeben hat, sondern auch ihr Leid und dessen Erduldung ist ein Geschenk Gottes. Für Christus zu leiden und sich im Leid nicht von ihm abzuwenden oder an ihm zu zweifeln, sich also auch im Leid mit Jesus verbunden zu fühlen, ist eine Auszeichnung.[364] Er freut sich, wenn seine Nachfolger ihm auch dann treu sind, wenn es schwierig ist, und er wird durch ihr Aushalten des Leids geehrt. Leiden lehrt und bewirkt Standhaftigkeit. Paulus sagt, dass sich die Gemeinde Jesu über die Bedrängnisse, die Nöte sogar freut: „Denn wir wissen, dass Not uns lehrt durchzuhalten,

363 Mt 25,34-36.40.

364 Vgl. Apg 5,41.

und wer gelernt hat durchzuhalten, ist bewährt, und bewährt zu sein festigt die Hoffnung."[365]

Je nach dem Maß, dass Gott für jeden Einzelnen gesetzt hat, sind auch Christen Leid-Tragende, wie es Christus war. Die Gemeinde der Christen muss ihr Kreuz „täglich auf sich nehmen"[366], wenn sie Jesus nachfolgen.

Dietrich Bonhoeffer schreibt: „Es liegt schon bereit, von Anfang an, der Jünger braucht es nur aufzuheben. Damit aber keiner meine, er müsse sich *selbst* irgendein Kreuz suchen, er müsse willkürlich ein Leiden suchen, *sagt Jesus, es sei einem jeden sein Kreuz schon bereit, ihm von Gott bestimmt und zugemessen. Der Mensch soll das ihm verordnete Maß von Leiden und Verworfensein tragen. Es ist für jeden ein anderes Maß.* Den einen würdigt Gott großer Leiden, er schenkt ihm die Gnade des Martyriums, den anderen lässt er nicht über seine Kraft versucht werden. *Doch es ist immer dieses Eine Kreuz.*"[367]

Christen müssen Bedrückung und Not auf sich nehmen, aber sie werden damit nicht alleine gelassen. Der auferstandene Herr verspricht ihnen: „[...] ich bin bei euch alle Tage bis an das Ende der Weltzeit! Amen."[368] Der allmächtige und liebende Gott wartet nicht bis zu seinem zweiten Kommen, um sich um seine Schafe zu kümmern. Er ist jetzt da. In guten Tagen, in mittelmäßigen und in ganz schlechten. Wenn sie ihm gehorchen und wenn sie versagen. Und wenn Gott bei ihnen ist, haben sie alles, was sie brauchen. Nicht immer, was sie wollen. Aber was sie brauchen. Vor allem für ihren Dienst „in den letzten Tagen". Besonders dafür gilt: „Gott hat uns nicht einen Geist der Ängstlichkeit gegeben, sondern den Geist der Kraft, der Liebe und der Besonnenheit."[369]

---

365 Röm 5,3 (Neue Genfer Übersetzung).

366 Lk 9,23.

367 Dietrich Bonhoeffer: Nachfolge, Teil 4 – Die Nachfolge und das Kreuz. Hervorhebungen im Original.

368 Mt 28,19.

369 2Tim 1,7 (Neue Genfer Übersetzung).

Jesusnachfolger haben einen Feind, der unsichtbar ist, der aber Mittel und Wege besitzt, sie in schwere Not zu bringen: der antichristliche Geist dieser Welt, der sich in der Verfolgung von Christen zeigt – sowohl auf physischer Ebene als auch psychisch durch Diffamierung, Ausgrenzung, Anfeindung und Verspottung in Reaktion darauf, dass sie nicht dem Zeitgeist folgen, sondern zu ihren bibeltreuen Überzeugungen stehen. Dabei leiden seine Nachfolger nicht nur unter Verfolgung, sondern auch unter allem anderen, worunter auch Nichtgläubige leiden können. Sie seufzen unter den „Leiden der jetzigen Zeit“[370], unter ihrer eigenen Unvollkommenheit und Sünde und erwarten die „Erlösung ihres Leibes“.[371] Bis dahin erleben sie zwar das Eingreifen Gottes, dies ist jedoch nicht alltäglich und normal. Aber in jedem Fall leiden sie in und an der Hand ihres liebenden Gottes.

---

370 Röm 8,18.

371 Röm 7,14- 25.

IV. UNSER SEGEN IM LEID

Niemand will leiden. Manche Pastoren und Prediger und versprechen ihren Schafen sogar: Niemand muss leiden. Denn Christus hätte am Kreuz nicht nur die Sünde der Welt, sondern auch das Leid auf sich genommen. Gläubige könnten das für sich in Anspruch nehmen[372] und ein siegreiches Christenleben führen: siegreich über Krankheiten, Beziehungsprobleme, finanzielle Belastungen[373] und berufliche Stolpersteine. All dies wären Werke Satans, aber Gott stehe darüber, er würde herrschen und sein Wille sei es, Krankheiten zu heilen und Gläubige aus Problemen zu holen bzw. sie erst gar nicht in Schwierigkeiten kommen zu lassen.[374] Heilungen, Zeichen und Wunder müssten eigentlich alltäglich sein. Denn Erlösung bedeute nicht nur Erlösung von Sünde, sondern auch von körperlichem und seelischem Leid oder materiellem Mangel. Deshalb sei ein Leben in Gesundheit und persönlichem Erfolg der sichtbare Beweis für Gottes Gunst. Denn Gottes Wille sei es, dass es Christen in allen Bereichen ihres Lebens gut gehe. Voraussetzung sei jedoch, zu proklamieren, dass Gott Arzt

---

372 „Claim it" fordern z. B. amerikanische „Heilungsevangelisten" auf. Wer fest an Heilung glaube und sie für sich beanspruche, werde bekommen, was er glaubt.

373 Hier würde vor allem die Zahlung des Zehnten helfen. Denn wer Gott etwas vorenthalte, könne von ihm auch keinen vollen materiellen Segen erwarten.

374 So behaupten es Prediger wie Kenneth Copeland, Joel Osteen, Joyce Meyer, Yonggi Cho, T. D. Jakes, Eddie Long, Creflo Dollar, Robert Tilton, Benny Hinn, Reinhard Bonnke, Wolfhard Margies, Volkhard Spitzer u.v.a. Sie alle können als „Wohlstands- und Wohlfühlprediger" bezeichnet werden, wobei der Wohlstand vor allem bei den amerikanischen Vertretern zu finden ist. Sie verdienen jährlich Millionen und pflegen einen luxuriösen Lebensstil. Was sie wiederum als Beweis dafür verwenden, dass ihr „Evangelium" segensreich und wirkungsvoll ist. Am Erfolg ihres religiösen Geschäftsmodells haben auch Steuerbetrug, Veruntreuung von Spendengeldern, falsche Prophetien und unechte oder vorgetäuschte Heilungen nichts geändert.

und Versorger ist und ihm alle Macht im Himmel und auf Erden gegeben ist. Deshalb herrsche er auch über Satan, der das Leben eines Christen bedrohen und beeinträchtigen will oder es schon getan hat. Anders gesagt: Leidet ein Christ, dann würde mit seinem Glaubensleben etwas nicht stimmen. Leid sei ein Zeichen dafür, dass er Gott nicht genug Ehre gebe. Er bekommt zu hören, dass er nicht genug Glauben habe, nicht genug bete, nicht genug in der Gemeinde mitarbeite, nicht genug evangelisiere oder dem Herrn finanziell nicht gebe, was ihm zusteht. Unter diesem Leistungsdruck sind schon viele zerbrochen – körperlich, seelisch, finanziell. Und nicht wenige haben sich vom Glauben abgewandt.

Es ist wohl so, dass die scheinheiligen Vertreter der Wohlstands- und Wohlfühlbotschaft den Willen Gottes extrem einseitig interpretieren. Als Jesus im Garten Gethsemane betete, fürchtete er das Leid: „Mein Vater, wenn es möglich ist, so bewahre mich vor diesem Leiden!“[375] Und er tat noch etwas: Er unterstellte sich dem Willen des Vaters: „Aber nicht was ich will, sondern was du willst, soll geschehen.“[376] Und kurz darauf noch einmal. Und noch einmal.

Die meisten Apostel sind als Märtyrer gestorben, alle haben in unterschiedlichsten Umständen gelitten. Die Gemeinde Jesu insgesamt war im 1. Jahrhundert eine leidende Gemeinde. Auch heute bilden Jesusbekenner keine Elite von gesunden, erfolgreichen und wohlhabenden Auserwählten. Zum Willen Gottes gehört Gutes für seine Kinder, aber auch, Leid zuzulassen oder sogar herbeizuführen. Der Wille Gottes ist trotzdem immer gut. Auch in dem, was seine Kinder ganz und gar nicht als gut und erstrebenswert empfinden. „Dein Wille geschehe hier auf der Erde wie er im Himmel geschieht“[377], das sollen Jesu Jünger beten. Sie sollen sich unter

---

375 Mt 26,39 (Hoffnung für alle).

376 Ebd.

377 Mt 6,10.

den Willen des Vaters demütigen, sollen bekennen, dass sein Wille das Einzige ist, was für sie zählt; sie sollen sich bereit erklären, im Willen des Vaters zu leben, was auch immer das für sie bedeutet und zur Folge hat.

Die Erfolgs- und Wohlfühlevangelisten wollen die dritte Bitte des Vaterunsers und das große „Aber" von Jesus nicht hören: „Aber nicht was ich will, sondern was du willst, soll geschehen."

Richtig ist: Gott ist gut. Er heilt, bewahrt, versorgt und schützt seine Kinder. Er erhört Gebete. Falsch ist, dass Christen dies nur im Glauben für sich beanspruchen müssten, um in den andauernden Genuss dieses Segens zu kommen.[378] Falsch ist, dass sie in diesem Leben alles erreichen könnten und auf sie die Fülle aller Segnungen Gottes warte, wenn sie nur die schöpferische Kraft der „Worte des Glaubens"[379] nutzen würden. Doch ein erfülltes „Leben in Christus" ist nicht gleichzusetzen mit einem problemlosen Leben in der Welt. Nicht Glaube und allein Wohlergehen gehören zusammen, sondern Gläubige haben es auch mit Leid zu tun. Unbiblisch ist also, sich der Haltung „aber nicht was ich will, sondern was du willst" zu verweigern. Falsch ist zu glauben, dass der Kelch des Leids an den Kindern Gottes vorübergehen würde.

GRÜNE AUEN UND STILLE WASSER

Der Apostel Lukas schreibt, dass „Freude vor den Engeln Gottes ist" über einen Sünder, „der Buße tut".[380] Wir wissen nicht, wie es „im Himmel" ist. Wir vermuten aber einen Zustand andauernder

---

378 Z. B. Kenneth Copeland: „Du kannst haben, was du aussprichst! Es ist tatsächlich so: Was du aussprichst, wirst du jetzt bekommen" (Kenneth Copeland: The Laws of Prosperity, S. 98, 101).

379 Die Überzeugung, dass durch das, was man ausspricht, tatsächlich auch das Gewünschte oder Geglaubte in Existenz gerufen wird.

380 Lk 15,10.

Glückseligkeit. Paulus schreibt im Brief an seinen Mitarbeiter Timotheus über die „Herrlichkeit des glückseligen Gottes“ und den „Glückseligen und allein Gewaltigen“.[381] Statt „Glückseligkeit“ könnte man auch „reinste Freude“ sagen.

Dieser Himmel der Freude ist aber nicht in sich verschlossen und getrennt vom irdischen Leben, sondern dort wird Anteil an dem genommen, was hier geschieht. Der Himmel ist keine geschlossene Gesellschaft. Wenn sich ein Sünder bekehrt, kommt sogar in die immerwährende himmlische Freude neue Bewegung: Die Engel haben sozusagen einen Grund zum zusätzlichen Jubel. In der himmlischen Welt herrscht Freude, wenn ein Sünder – auf Gottes Ruf hin – Buße tut, sich also abwendet von der Selbstbestimmung und sich hingibt in die Abhängigkeit vom liebenden Gott, um als Geretteter fortan zu seinem Reich zu gehören.

Ein Bekehrter löst im Himmel Freude aus. Aber auch die Bekehrten selbst sind von Freude erfüllt. Denn sie geben gerade zu Beginn ihres jungen, neuen Lebens begeistert von den großen Taten des Herrn Zeugnis. Überall erkennen sie Gottes Hilfe, Bewahrung und Versorgung. Sie erleben seine Führung, Güte und Gnade. Sie sind begeistert von diesem Gott und erzählen als Zeugen seiner Güte allen davon.

Es ist biblische Botschaft und persönliche Erfahrung gleichermaßen: Der göttliche Hirte führt uns auf grüne Auen und zu stillen Wassern, wo wir ruhig, entspannt und in Frieden bei ihm „lagern“ können. Und das Vertrauen in diesen Hirten wächst mit jedem Beweis seiner Gnade, Güte und Hilfe. Wir haben dann begründetes, bestätigtes Vertrauen. Jesus hat den Pharisäern und Schriftgelehrten durch seine Wunder Zeichen und Beweise gegeben, dass er der Messias ist. Sie wussten, was Jesaja über den kommenden Messias aussprach: dass Tote auferweckt, Blinde sehen, Lahme

---

381 1Tim 6, 15.

gehen, Taube hören werden. Sie haben erlebt, dass Jesus diese und andere Vorhersagen erfüllte. Sie haben trotzdem nicht geglaubt.

„An Gott glauben“ heißt für den Gläubigen „Gott vertrauen“. Dieser vertrauende Glaube ist ein begründetes Überzeugtsein von seiner Existenz, wobei die Begründung durch das Wort Gottes und durch eigene Erfahrung bestätigt ist. Die Wohltaten der „grünen Auen“ und „stillen Wasser“ gibt es wirklich. Der Herr ist absolut vertrauenswürdig. Er verspricht: „Ich bin bei euch alle Tage bis an das Ende der Weltzeit! Amen.“[382] „Amen“ heißt hier: So ist es, das garantiere ich, das ist sicher! Es sind vor allem die Neubekehrten, die das bestätigen und das tun, was Paulus der Gemeinde in Philippi geschrieben hat: „Freut euch im Herrn allezeit.“[383] Es ist, als ob durch die Bekehrung ihre Augen geöffnet worden wären. Es gibt keinen Schleier vor der Wahrnehmung der Wirklichkeit mehr, der ihnen den Blick auf das Wesentliche verdeckt hielte. Sie sehen jetzt klar: Diese Welt wird von Gott regiert, er wohnt durch seinen Geist in den Gläubigen, führt sie und zeigt ihnen die Gnade und Güte des Vaters. Sie haben eine neue Erkenntnis gewonnen. Und sie freuen sich. Während sie bisher Probleme hatten, zu definieren, wer sie eigentlich sind, wissen sie es jetzt genau: Wir sind geliebte Kinder Gottes. Und Gott der Herr ist unsere Kraft.[384] Sie fühlen sich in einer liebevollen Beziehung zu Gott und von ihm angenommen. Ihre Begeisterung über die Größe des Herrn erfrischt und bereichert die Gemeinde, gibt ihr Hoffnung und Auferbauung. Es ist eine Freude, die über die Gemeinde hinaus bis in den Himmel reicht.

---

382 Mt 28,20.

383 Phil 4,4.

384 Hab 3,19.

IM TAL DES TODESSCHATTENS

Es kann aber durchaus sein, dass diese Freude im und am Herrn auf ganz andere geistliche Befindlichkeiten in der Gemeinde trifft. Denn das Lob Gottes ist nicht alleinige gottesdienstliche und persönliche Anbetungsform. Jeder Jesusnachfolger, der schon etwas länger im Glauben ist, hat auch ganz andere Erfahrungen gemacht: das anscheinende Fehlen von Gottes Macht und Kraft. Sie kennen das Schweigen und die Tatenlosigkeit des Herrn. Zu ihren Erfahrungen gehören Gebete, die nicht erhört, und Schwierigkeiten, die nicht abgewendet wurden. Und sie kennen das Leid. Zu ihrem Kontakt mit Gott gehört das Lob- und Dankgebet, aber immer wieder auch das Bittgebet in Not, Leid und Anfechtung. Die Freude über einen freien Parkplatz in der vollen Innenstadt, der als Werk des gnädigen Gottes verkündet wird, kann in der Gemeinde auf den Schmerz treffen, mit dem sich ein anderer trotz Tabletten zum Gottesdienst schleppt – und nicht einmal einen Parkplatz direkt vor dem Gemeindehaus findet. Der eine preist jeden Sonnenstrahl als Geschenk Gottes, der andere befindet sich in seelischer und geistlicher Niedergeschlagenheit, weil gerade ein Familienmitglied tödlich verunglückt ist. Es ist bei Jesusnachfolgern nicht so, dass sie frei sind von allem, was das Leben kaum erträglich sein lässt, und ihnen alles mühelos und schmerzfrei in den Schoß fällt. Ja, der Herr führt sie auf grüne Auen, wo sie satt und zufrieden ausruhen können. Er führt sie an stille Wasser, wo sie in innerer Ruhe und im Frieden bei ihm ungestört ihr Dasein genießen können. Aber er führt sie auch in Schluchten, die tief, eng, dunkel, steinig und bedrohlich sind.

Schweres Leid belastet den Menschen, es drückt ihn nieder. Wer leidet, leidet *unter* jemandem oder etwas. Leid kann dann als alles beherrschende „Macht“ empfunden werden. Dann ist die Selbstwahrnehmung empfindlich gestört, das Selbstwertgefühl schwindet, und das Leid übernimmt die Kontrolle über den Menschen. Er fühlt sich einer zu starken Macht ausgeliefert. Im tiefsten Leid ist der Mensch nicht mehr er selbst, er ist nicht mehr „ganz". Die „Integrität und Kontinuität der ganzen Person ist bedroht"[385], er fühlt sich in einer „allgemeinen existentiellen Unheilssituation".[386] Auch die Beziehung zu seiner Umwelt ist gestört, die Welt da draußen wird bedeutungslos und fremd. In ihm und um ihn herum ist es dunkel. Dann hängt das Vertrauen in den Herrn oft an einem seidenen Faden. Man hat das Gefühl, dass, wenn jetzt auch nur eine winzige Belastung hinzukommt, der Faden reißen wird, dass man keine Kraft mehr hat, sich an Gott festzuhalten. Es kann auch sein, dass der Kontakt zu ihm durch schweres, plötzliches Leid abbricht. Tiefer seelischer Schmerz kann Gott gegenüber sprachlos und gefühllos machen. Man kann nicht mehr beten. Die Verbindung zum Herrn ist unterbrochen. Alle Gefühle und Gedanken werden von dem einen tiefen Schmerz überschattet, alles andere wird nebensächlich oder nicht mehr wahrgenommen. Der Leidende ist von der Welt abgeschnitten und weiß nicht, wie er wieder ins Leben zurückfinden kann, ob das überhaupt möglich sein wird. Er weiß erst recht nicht, ob und wie er jemals wieder zu Gott zurückfinden wird. Jedenfalls fühlt er sich von Gott verlassen. Das Leid ist zu schwer. Und das ist nicht einmal „unbiblisch". König David fühlte so – manche Propheten ebenfalls, auch Paulus.[387] Die tiefste Gottverlassenheit aber hat Christus am Kreuz durchlitten.

Doch es gibt auch andere Reaktionen von Gläubigen auf Leid. Die einen macht der Leidensdruck Gott gegenüber stumm, andere schlagen verbal um sich. Der Druck braucht ein Entlastungsventil. Enttäuschung, Verlassenheitsgefühl und Verzweiflung äußern sich bei manchen in heftiger Klage und Anklage gegenüber Gott.

---

385 Jan Hauser: Vom Sinn des Leidens. Die Bedeutung systemtheoretischer, existenzphilosophischer und religiös-spiritueller Anschauungsweisen für die therapeutische Praxis, Königshausen & Neumann 2004, S. 122.

386 Ebd., S. 143.

387 Bei der Beschreibung seiner Situation als Verfolgter:: „[...] so dass wir selbst am Leben verzweifelten" (2Kor 1,8).

Und auch hier man kann nicht sagen, dass dies dem Wort Gottes widersprechen würde. Denn gerade die Psalmen sind voll davon. Es gibt keinen Vorwurf gegenüber Gott, der dort nicht geäußert wäre: Er sei untreu, ungerecht, hätte den Leidenden aus der Gemeinschaft mit ihm verstoßen, was er tue, sei unverständlich, er verstecke sich vor der Not des Leidenden, habe es nicht verhindert, sei ohne Mitleid, schaue nur tatenlos zu. Es gibt sogar die verzweifelt-höhnische Frage, ob denn der Allwissende vergesslich geworden sei.[388] Die psalmistischen Klagen und Anklagen lassen sich auf einen Punkt bringen: Gott halte nicht, was sein Name doch verspreche. „Jahwe", der „Ich bin da!", sei nicht da.

Doch es findet sich noch eine weitere Variante der Verarbeitung von Leid in den Psalmen – im Gegensatz zur stummen Verzweiflung und zur Klage und Anklage: Es sind Gebete der festen Hoffnung und Zuversicht. Denn es gibt Gläubige, die auch das tiefste Leid in ihre Hoffnung, ihre Zuversicht und in ihr Gottvertrauen integrieren können. Ihr Glaube kann das Leid tragen und ertragen; es dominiert sie nicht, sondern der Herr ist immer noch Herrscher und Helfer, und sie sind fähig, sich darauf zu konzentrieren. Der Leidensschmerz, den niemand haben will, ist da, er ist heftig und er tut richtig weh. Aber sie können beten. Sie tun es vertrauensvoll und zuversichtlich wie z. B. David in den Psalmen: „Neige dein Ohr zu mir, rette mich rasch; sei mir ein starker Fels, eine feste Burg zu meiner Rettung! Denn du bist mein Fels und meine Festung, führe und leite du mich um deines Namens willen!"[389] – „Was betrübst du dich, meine Seele, und bist so unruhig in mir? Harre auf Gott, denn ich werde ihm noch danken, daß er meine Rettung und mein Gott ist!"[390] – „Gott ist unsere Zuflucht und

---

388 Ps 77,10.

389 Ps 31,3f.

390 Ps 42,12.

Stärke, ein Helfer, bewährt in Nöten."[391] – „Nur auf Gott wartet still meine Seele; von ihm kommt meine Rettung. Nur er ist mein Fels und mein Heil, meine sichere Burg; ich werde nicht allzusehr wanken."[392] – „Woher kommt mir Hilfe? Meine Hilfe kommt von dem Herrn, der Himmel und Erde gemacht hat!"[393] – „Der Herr ist nahe allen, die ihn anrufen, allen, die ihn in Wahrheit anrufen."[394] – „Er heilt, die zerbrochenen Herzens sind, und verbindet ihre Wunden."[395] – „Und wenn ich auch wanderte durchs Tal des Todesschattens, so fürchte ich kein Unglück, denn du bist bei mir; dein Stecken und dein Stab, die trösten mich."[396]

Mit dem „Stecken" schlägt ein Hirte Tiere in die Flucht, die seine Schafe angreifen, mit dem Stab zieht er sie aus Felsklüften oder Dornenbüschen, wohin sie sich verirrt oder worin sie sich verfangen haben. Im übertragenen Sinn gilt das auch für die, die im Leid auf Gott vertrauen: Der Herr und Hirte wird alle Angriffe und Anfeindungen durch Gedanken, die den Leidenden in den Zweifel an seiner Hilfe führen wollen, in die Flucht schlagen. Und wer sich in tiefer Enttäuschung oder in Hoffnungslosigkeit verirrt hat und Gefahr läuft, dort steckenzubleiben, den zieht der Hirte zu sich zurück.

Gläubige wissen: Der Hirte beschützt und behütet sie. Jahwe, der „Ich bin da!", ist da. Und er ist stärker und mächtiger als das Leid, sodass es keine Macht behält, den Leidenden im Zweifel oder oder in der Hoffnungslosigkeit festzuhalten. Denn Gott tröstet, stärkt und führt. Nicht immer am Leid vorbei, aber durch das Leid hindurch. Diese tröstliche Erkenntnis kann und sollte die Basis

---

391 Ps 46,2.

392 Ps 62,2f.

393 Ps 121,1f.

394 Ps 145,18.

395 Ps 147,3.

396 Ps 23,4.

von Gläubigen sein. Die meisten von ihnen haben auch eine Leidensgeschichte. Es trifft sie vielleicht so unerwartet wie Hiob, und ihre Vorstellung von und Erfahrung mit Gott ist durch die Leidenserfahrung erst einmal gestört und macht sie sprachlos. Doch dann dringt bei ihnen allmählich die Erkenntnis durch, dass Gott sie im Leid nicht alleinlässt und dass Gläubige durch Leid gefestigt werden und Krisen- und Anfechtungszeiten dann immer besser bewältigen können. Sie gewinnen einen alltagstauglichen Glauben, ihr Glaube ist im Leid gewachsen: Sie kennen ihren Herrn und ihren Glauben nicht nur bei Sonnenschein, sondern auch, wenn es stürmt, blitzt und hagelt. Ihr Glaube ist erprobt. Das heißt jedoch nicht, dass ihnen Bedrängnisse nichts mehr ausmachen. Auch da sind sie in Übereinstimmung mit dem Herrn, der selber unsäglich gelitten hat.

Das Gefühl der Gottverlassenheit, die Klage und Anklage und der im Leid bewährte Glaubens- und Kreuzesweg – es gibt unterschiedliche Reaktionen und Situationen im Leid. Keine ist der Bibel fremd. Die neutestamentliche Botschaft ist unmissverständlich, dass auch größtes Leid im Glaubensleben seinen Platz hat.

Auch im Tal des Todesschattens scheint Licht, sonst gäbe es keinen Schatten. Das Licht Gottes scheint hinein in die dunkelste Not und erfüllt unser Herz durch seinen Heiligen Geist mit Gottes treuer Liebe. Seine Last kann schwerer sein, als wir tragen können, aber sie wird nie zu schwer sein, dass wir sie nicht *mit seiner Hilfe* tragen könnten. Ohne Leid würden wir die Liebe Gottes nicht so tiefgehend erleben.

IM FEUEROFEN

Unser Leben als Nachfolger Jesu kann schon deshalb unruhig verlaufen, weil wir Nachfolger sind. Eine Folge davon ist die „Bedrängnis“. Der Apostel Paulus informiert uns, was da geschieht. „Wir rühmen uns auch in den Bedrängnissen[397], weil wir wissen, dass die Bedrängnis standhaftes Ausharren[398] bewirkt, das standhafte Ausharren aber Bewährung, die Bewährung aber Hoffnung; die Hoffnung aber läßt nicht zuschanden werden[399]; denn die Liebe Gottes ist ausgegossen in unsere Herzen durch den Heiligen Geist, der uns gegeben worden ist.“[400]

Wir können in Bedrängnis kommen, weil wir wegen unseres Glaubens von Nicht-Gläubigen angegriffen, ausgelacht oder benachteiligt werden; Freundschaften mit Ungläubigen können zerbrechen, Familienangehörige auf Distanz gehen. Wir haben manchmal große Probleme mit unserer Umwelt wegen unseres Glaubens. Aber wir können sagen: Wir sind als Nachfolger auf den Spuren Jesu und mit ihm durch Leid verbunden. Paulus sagt sogar: „Wir rühmen uns in den Bedrängnissen“, denn sie sind ein Zeichen dafür, dass Jesus uns in seine Nachfolge mitgenommen hat und wir uns in seiner Liebe und im geduldigen Aushalten des Drucks nicht von ihm abwenden. So geben wir Zeugnis für unseren Glauben und für die Liebe und Macht des Herrn.

---

397 „Bedrängnis“ in der Bedeutung von „quetschen“, „unter Druck kommen“. Paulus meint hier speziell Verfolgung, der die ersten Christen seitens der jüdischen Bevölkerung, aber in Rom auch durch die heidnische Staatsmacht ausgesetzt waren. Doch auch heute haben Christen Probleme wegen ihres Glaubens. Der Begriff „Bedrängnis“ steht aber auch für Leid und Not – auch körperliche und seelische Probleme haben das Potenzial, den Glauben anzugreifen und Gläubigen in die Enge zu treiben – dorthin, wo der Zweifel beginnt.

398 In anderen Übersetzungen: „Geduld“, „dass Not uns lehrt durchzuhalten“.

399 Im Sinne von „enttäuscht uns nicht, lässt uns nicht beschämt dastehen“.

400 Röm 5,3-5.

Doch nicht nur Verfolgungsleid kann uns in Bedrängnis bringen, auch schwere körperliche oder seelische Probleme. Auch hier lernen wir „standhaftes Ausharren“, also Geduld, Ausdauer im Erdulden. Das geduldige Warten auf die Erhörung von Gebeten und das Überwinden von Leid ist immer berechtigt.

Paulus meint jedoch einen anderen Aspekt: dass wir in Bedrängnissen nicht von ihnen beherrscht werden. Dass das „Weg-haben-Wollen“ von Problemen nicht zum Mittelpunkt unseren Fühlens und Denkens wird, dass sich nicht alles nur um unsere Schwierigkeiten dreht und wir von ihnen nicht so überwältigt werden, dass nichts anderes mehr zählt. Die Geduld dämpft den Machtanspruch des Un-Heils. Es ist da, aber es beherrscht uns nicht. Wir sind nicht dem Bedrohlichen, sondern dem Herrn zugewandt und können im Blick auf ihn auch große Probleme aushalten – in der Gewissheit, dass er uns in aller Liebe, Treue und Fürsorge zugewandt ist und alles unter Kontrolle hat. Im Geduldigsein lernen wir abzuwarten, was Gott uns sagen und zeigen will und was er tun wird.

Durch dieses standhafte Ausharren zeigen wir, dass wir „erprobt“ sind und uns durch Geduld bewährt haben. Unser Glaube wächst; er gewinnt an Tiefe.

Bewährung wiederum ist letztendlich ausgerichtet auf Hoffnung. Inhalt der Hoffnung ist der Tag, an dem wir endgültig beim Herrn sind – „das Beste“, das noch bevorsteht.

Alles das bewirkt die Liebe Gottes in uns. Sie ist jetzt, im Leid, spürbar und sichtbar.

Frank Retief, der Pastor der südafrikanischen Gemeinde, die von Gangstern überfallen wurde, sagt: „Wir sind [...] in der Hand eines liebenden Vaters, der unser Bestürztsein kennt und alles vorbereitet hat, damit die Gemeinschaft mit ihm erhalten oder wiederhergestellt werden kann, auch wenn es im Leben drunter und drüber geht. [...] Selbst angesichts schlimmster Tragödien können wir auf seine Liebe vertrauen. Wir dürfen ihm unsere schmerzenden, brechenden Herzen bringen. Wir dürfen vor ihm seufzen und stöhnen und sicher sein, dass er uns hört und versteht, was wir zu sagen versuchen. Er legt Wert auf unsere Gebete und nimmt sie an. Und wir dürfen vertrauensvoll zu ihm aufblicken, dass er uns zur rechten Zeit antwortet, denn unser Seufzen ist in Übereinstimmung mit Gottes Willen.“[401]

Frank Bodelschwingh, Gründer der heutigen „Bodelschwinghschen Stiftungen Bethel“, einer diakonischen Einrichtung für geistig und psychisch behinderte Menschen, schreibt: „Der lebendige, heilige Gott nimmt die Menschen, die zu ihm gekommen sind, alle einzeln in seine seelsorgerliche Sprechstunde, unter vier Augen. Er sagt: ‚Nun erzähle mir einmal alles, wo es dir schwer ums Herz war, womit du nicht fertig geworden bist, alle deine Fragen, die dir kein Doktor und kein Pfarrer beantworten konnte, all das, worunter du gelitten hast!‘ Und man spricht sich aus. Unser Herz wird leicht und leichter, denn der lebendige Gott nimmt all unsre Schmerzen auf sein Vaterherz, bis unsre Augen ganz hell sind. Alles Schlimme ist weggewischt. Gott selbst tupft unsre letzten Tränen ab. Alle Wunden schließen sich, und Freude über Freude strömt in uns hinein, wie wir sie auf Erden nie gekannt haben. Ein einziges Strahlen: Wir sind gesund geliebt! Jetzt können wir von Herzen Gott loben, der so voller Hinwendung und Vergebung zu uns Menschen ist – deren Los es ist, voneinander zu scheiden, sich herzugeben. Wir gehen hier ein Stücklein miteinander, und dann trennt uns der Tod. So viel Leid und verborgene Tränen umschließt ein Leben! Aber es hätte keinen Tiefgang, wenn das Leid nicht wäre. Wenn's uns nur gut ginge, wir wären oberflächlich und diesseitsbezogen. Keiner käme ins Gottesreich. Darum das Leid. Doch Gott selbst wird es stillen und alle Sehnsucht erfüllen.“[402]

Schwierigkeiten, Not, Leid und Elend sind die Werkzeuge, mit denen der Herr an uns arbeitet wie ein Bildhauer an einem Stück

---

401 Retrief, a.a.O., S. 130f.

402 Roland Antholzer; Trauern und Trösten, Eine Hilfe für Seelsorger und Betroffene, CLV 2012, dort zitiert nach: Hannelore Risch: Gott tröstet. Von der Kraft, die Trauer zu überwinden. R. Brockhaus Verlag 1982, S. 9.

Holz. Wenn wir in Geduld, Ausdauer und Hoffnung bleiben, wird das „Holz" immer weniger, dafür wird unsere Ebenbildlichkeit mit Christus immer deutlicher. Er wurde abgelehnt, verspottet, verachtet, misshandelt und hat am Kreuz gelitten. Aber er hat das Kreuz nicht verlassen. Und der Vater ihn nicht. Er ist uns in allem vorausgegangen: durch Leid, durch den Tod, in die Auferstehung, zum Vater. Der Herr kennt sich auf allen Wegstrecken aus. Wir sind aufgerufen, hinter ihm herzugehen. Nicht aus eigener Kraft, sondern in der Kraft seiner Liebe, seiner Barmherzigkeit und seines Trostes.[403]

ACHTE NICHT GERING DIE ZÜCHTIGUNG DES HERRN

Wenn der Herr Leid zulässt, dann kann es auch aus einem Grund geschehen, der in der Bibel „Züchtigung" genannt wird. Schon das Wort löst bei vielen Gläubigen Fluchtgedanken aus. Der Apostel Paulus rät zum Gegenteil: „Mein Sohn, achte nicht gering die Züchtigung des Herrn und verzage nicht, wenn du von ihm zurechtgewiesen wirst! Denn wen der Herr lieb hat, den züchtigt er, und er schlägt jeden Sohn, den er annimmt. Wenn ihr Züchtigung erduldet, so behandelt euch Gott ja als Söhne; denn wo ist ein Sohn, den der Vater nicht züchtigt? Wenn ihr aber ohne Züchtigung seid, an der sie alle Anteil bekommen haben, so seid ihr ja unecht und keine Söhne!"[404]

„Züchtigung" hat in der Bibel die Bedeutung von „zur Rede stellen", „erziehen", „„zurechtweisen". Wir werden von Gott „zur Rede gestellt", wenn wir – wieder einmal – unser Verhältnis zu ihm als

---

403 In keiner anderen Glaubensausrichtung gibt es einen Gott mit diesen Eigenschaften. Die Bedeutung des Begriffs „Trost" umfasst u. a. „retten", „aufrichten", „aufhelfen".

404 Hebr 12,5-8.

völlig in Ordnung einschätzen, weil alles bequem und problemlos abläuft. Wir meinen zu wissen, wie Glauben geht. Es ist so ähnlich wie bei den Verkehrszeichen: die Gebots- und Verbotszeichen interpretieren wir nicht immer als verbindlich, sondern manchmal doch eher als „Vorschläge" des Straßenverkehrsamts. Und wir sind nicht immer bereit, sie zu akzeptieren, denn *wir* können die aktuelle Lage schließlich besser beurteilen. Wenn es „schlecht" läuft, „züchtigt" uns die Polizei dann mit einem Strafzettel.

Der Herr muss uns manchmal zurechtweisen, weil wir grundsätzlich ein falsches geistliches Bild von uns selbst haben: Wir halten uns für besser, als wir sind, und verhalten uns dem Herrn gegenüber selbstständiger, als es uns zusteht. Wir benehmen uns oft nicht wie Söhne oder Töchter Gottes, sondern wie unabhängige, eigenverantwortliche Erwachsene. Wenn wir so selbstgefällig und selbstsicher unterwegs sind, ist es möglich, dass uns der Herr zum Stolpern bringt. Wir fallen auf die Nase und fragen ganz überrascht: Warum? Wenn es eine ehrliche Frage ist und wir die Antwort wirklich wissen wollen, werden wir sie früher oder später bekommen. Wir werden verstehen, Buße tun und lernen, wieder auf den Vater zu schauen und nicht auf uns. Sünde durch die Hilfe und in der Liebe des Herrn erkannt und bereut zu haben wird uns wieder frei und leicht machen; wir sind gestärkt, die Welt bekommt wieder Farbe und Schönheit und die Sonne scheint. Wir werden uns vor der Sünde mehr in Acht nehmen. Wir empfinden eine erfrischte und erneuerte Liebe zu ihm. Gottes Züchtigung hat Gutes bewirkt.

LEIDEN, OHNE ZU WISSEN, WARUM

Wir erfahren Leid genauso wie alle Menschen. Auch andere suchen eine Erklärung dafür. Wenn sie nicht in ihrer eigenen Schuld die Ursache dafür finden, dann waren es eben Schicksal, Zufall, die Schuld anderer oder die Verkettung unglücklicher Umstände.

Jesusnachfolger haben diese Erklärungsmöglichkeiten nicht. Es fällt kein Spatz vom Himmel ohne den Vater[405], d. h. alles in ihrem Leben ist auf ihren Vater im Himmel zurückzuführen.

Wir schlendern in der Nachfolge Jesu nicht auf einem schönen Weg durch liebliche Landschaften dahin, unter blauem Himmel mit Wölkchen wie Wattebällchen. Wir müssen damit rechnen, dass der Weg schmal, steil und voller Geröll wird und es aus schwarzem Himmel stürmt, blitzt und hagelt. Und es ist nicht richtig, wenn gesagt wird, dass Gott uns nicht schwerere Lasten aufbürdet, als wir tragen können. Dem Apostel Paulus erschien die Bedrängnis durch Verfolgung so groß, dass er und seine Mitarbeiter meinten, sie nicht durchstehen zu können: „Denn wir wollen euch, Brüder, nicht in Unkenntnis lassen über unsere Bedrängnis, die uns in [der Provinz] Asia widerfahren ist, dass wir übermäßig schwer zu tragen hatten, *über [unser] Vermögen hinaus,* so dass wir selbst am Leben verzweifelten; ja, wir hatten in uns selbst schon das Todesurteil, damit wir nicht auf uns selbst vertrauten, sondern auf Gott, der die Toten auferweckt. Er hat uns denn auch aus solch großer Todesgefahr gerettet und rettet uns noch; und wir hoffen auf ihn, dass er uns auch ferner retten wird [...]“[406]

Auch uns kann es passieren, dass wir in tiefstem Leid am Leben verzweifeln wie Paulus und seine Mitarbeiter. Wenn wir keine Antwort auf unsere Fragen nach dem „Warum“ oder „Wozu“ bekommen, wenn keine Reaktion auf unseren Ruf nach Hilfe erfolgt, keine Antwort auf unser „Warum?“ In schmerzhaften Umständen kann es uns erscheinen, dass es nur unser Leid gibt – und keinen Gott. Doch genau dann, wenn uns der Boden unter den Füßen weggezogen wird, lernen wir, woran wir hängen, was wir lieben, was uns wirklich wichtig ist. Und was wir anscheinend verloren haben. Wenn wir ins dunkle Loch fallen, kommt ans Licht, worauf

---

405 Mt 10,29.

406 2Kor 1,8-10. Klammern im Original, Hervorhebung von mir.

wir vertraut haben. Möglicherweise auf uns selbst und auf die von uns so sorgfältig abgesicherten Umstände und Stützpfeiler unseres Lebens.

Wenn wir spüren, dass im Leid davon nichts mehr übriggeblieben ist, dass alle Sicherheiten nicht ausreichen, wenn unsere Beziehung zu Gott durch unsere schwere Last zerbrochen ist, wenn wir keine Glaubenskraft und kein Vertrauen mehr haben, mit der wir uns an ihm festhalten können, wenn in uns alles abgetötet ist, wir zu müde sind, um enttäuscht, und zu schwach, um verzweifelt oder wütend zu sein, dann – in dieser Trostlosigkeit – erleben wir es, dass uns unser Leid ganz nahe an Gott heranführt, dass wir noch nie so eng mit ihm verbunden waren wie jetzt in so großer Not. Wir erkennen plötzlich: Der Herr und Hirte ist der Einzige, der wirklich bei uns ist. In diesen Momenten gibt es nur Gott und mich. Keine anderen Gedanken, kein anderes Gefühl, nichts daneben, dahinter oder darum herum. Gott und ich – nichts sonst. Dann sind wir wirklich bei ihm. Und er ist es, was wir wirklich brauchen. Denn wir merken: Er ist uns Trost und Hilfe, er trägt uns auf Händen. „Die Last ist schwer, wälze sie auf den Allmächtigen! Jetzt ist es deine Last, und sie drückt dich zu Boden; aber dem Herrn ist es ein Leichtes, sie auf sich zu nehmen. Du musst sie wohl noch tragen, aber er trägt dich mit ihr. So liegt die Last auf dir und doch nicht auf dir.“[407]

In Not und Leid wird der Glaubende geprüft. Ein unechter Glaube wird diese Prüfungen nicht aushalten.[408] Doch wer durchhält, erkennt: Im Leid erlebt man nicht das Schweigen, sondern die Liebe Gottes, die hilft und tröstet. Gerade dann kann Gott zeigen, wer er ist, und wir erleben unseren ganz persönlichen Gottesbeweis: Der Herr ist wirklich der „Ich bin da!“. Es ist wahr, was Jesus sagt:

---

407 C. H. Spurgeon: Ich bin der Herr, dein Arzt. Worte des Trostes für Kranke, Betrübte und Notleidende, CLV 2013, S. 20.

408 Nach Katastrophen mit persönlichem Leid wird dann gesagt: „Mit einem Gott, der so etwas zulässt, will ich nichts mehr zu tun haben.“

„Ich bin bei euch alle Tage bis an das Ende der Weltzeit! Amen."[409] Er lebt durch seinen Geist in uns. Und wir merken: Nicht wir halten uns an ihm fest, sondern er hält uns. Wir werden bedrängt, aber nicht „erdrückt"[410], wir sind ratlos und unfähig, aber verzweifeln nicht an Gott, wir werden verfolgt, aber wir sind nicht von Gott verlassen. Wir werden „niedergeworfen"[411], aber wir kommen nicht um. Der Herr ist Herrscher und Helfer, nichts kann uns trennen von seiner Liebe. Und mit dieser Liebe lieben wir zurück. In dieser Liebe glauben wir alles: Unser Vertrauen auf den Herrn bleibt auch in Krisen und schweren Zeiten bestehen. In dieser Liebe hoffen wir alles und richten uns aus auf das Heilshandeln Gottes in der Gegenwart und auf ein zukünftiges ewiges Leben. In dieser Liebe erdulden wir alles und halten aus, was uns in der Welt das Leben schwer macht.

Wir sehen den Sinn des Lebens darin, in Gemeinschaft mit Chris-tus zu leben und ihn zu loben. Seine Liebe und Treue machten es uns möglich, dass dieser Sinn sogar im Leid bestehen bleibt. Auch wenn wir nicht wissen, warum es sein musste.

ALLES WIRD UNS ZUM BESTEN DIENEN

Ohne die Liebe Gottes hätten wir den Weg zum Herrn nicht gefunden. Und ihn auch gar nicht finden wollen. Ohne ihn könnten wir keinen Schritt auf dem Weg der Nachfolge gehen. Erst recht nicht in schweren Zeiten. Der Leidende erlebt in der Gegenwart Probleme, die ihm sein Leben schwer machen. In dieses Leid hinein gibt ihm das Wort Gottes aber ein Versprechen für die Zukunft: Es wird einmal ein Ende haben. Dem Nicht-Gläubigen erscheint das

409 Mt 28,20.

410 „Abgeschnitten" von Gott (2Kor 4,7).

411 Ebd.

als banale Tatsache, denn er denkt an den Tod, mit dem dann alles vorbei sei.[412] Für den Gläubigen hat das Wort Gottes jedoch eine viel weiter gehende Botschaft in Bezug auf das Ende des Leids. Und eine höchst bedeutungsvolle *im* Leid.

Der Apostel Paulus eröffnet uns den weitesten Blick aus dem Leid hinaus. Er verweist auf einen Zustand, der jenseits des körperlichen, geistigen und seelischen Un-Heils liegt, dem der Gläubige in dieser Welt ausgesetzt sein kann. Im achten Kapitel seines Briefes an die Gemeinde in Rom nennt er dieses noch Kommende das „Beste“[413]. Mehr noch: Das gegenwärtig ertragene Leid hat etwas Gutes, das zu diesem Besten hinführt. Es erfüllt einen Zweck, es hat einen Sinn in Hinsicht auf das Beste. Paulus schreibt: „Wir wissen aber, daß denen, die Gott lieben, alle Dinge zum Besten dienen[414], denen, die nach dem Vorsatz berufen sind.“[415]

Was ist das nun, das „Beste“? Es hat einerseits eine heilsgeschichtliche Perspektive: Das Beste ist „das ganze Heil, das Gott uns schenkt und das er vollenden will“[416]. Es ist die Vollendung am Ende aller Tage, wenn wir beim Herrn sind und ihn so sehen, wie er ist. Es ist die „Herrlichkeit Gottes, die den Gläubigen von Gott bereitet ist“[417]. Das ist ihr Trost, dass allem Leid ein Ende gesetzt werden wird, wenn sie in der Herrlichkeit Gottes ruhen werden, wo „Gott [...] abwischen [wird] alle Tränen von ihren Augen, und der Tod wird nicht mehr sein, weder Leid noch Geschrei noch Schmerz wird mehr sein; denn das Erste ist vergangen“[418]. Dieses

---

412 Was ein dramatischer Irrtum ist. Denn auf den vor Gott nicht gerechtfertigten und geretteten Sünder wartet ein Ort des Heulens und Zähneknirschens und des endlosen Unheils.

413 Röm 8,28. In manchen Übersetzungen auch „ das Gute“.

414 Wörtlich „zum Guten zusammenwirken“.

415 Röm 8,28.

416 Heiko Krimmer: Römerbrief, Edition C Bibelkommentar, Band 10, S. 221.

417 Nach Röm 5,3.

418 Offb 21,4.

zukünftige Leben in der Herrlichkeit und in der niemals endenden Liebe Gottes ist den Glaubenden sicher.

Paulus sagt aber auch, dass uns „alle Dinge" zum Besten dienen. Alle Dinge – das ist alles, womit wir es hier und jetzt zu tun haben. Darin ist alles Schöne und Gute, aber auch das Bedrückende, der Kummer, die Niedergeschlagenheit, die Hoffnungslosigkeit, die Angst inbegriffen. Dazu gehört auch das Leid. Und Paulus sagt durch den Geist Gottes: Auch dieses Leid „dient" uns jetzt zum Besten.

Inwiefern dient uns unser Leid? Paulus gibt darauf in einem längeren Gedankengang Antwort: „Wir wissen aber, daß denen, die Gott lieben, alle Dinge zum Besten dienen, denen, die nach dem Vorsatz berufen sind. Denn die er zuvor ersehen[419] hat, die hat er auch vorherbestimmt, dem Ebenbild seines Sohnes gleichgestaltet zu werden[420], damit er der Erstgeborene sei unter vielen Brüdern. Die er aber vorherbestimmt hat, die hat er auch berufen[421], die er aber berufen hat, die hat er auch gerechtfertigt, die er aber gerechtfertigt hat, die hat er auch verherrlicht[422]. Was wollen wir nun hierzu sagen? Ist Gott für uns, wer kann gegen uns sein? Er, der sogar seinen eigenen Sohn nicht verschont hat, sondern ihn für uns alle dahingegeben hat, wie sollte er uns mit ihm nicht auch alles schenken? Wer will gegen die Auserwählten Gottes Anklage erheben? Gott [ist es doch], der rechtfertigt! Wer will verurteilen? Christus [ist es doch], der gestorben ist, ja mehr noch, der auch auferweckt ist, der auch zur Rechten Gottes ist, der auch für uns eintritt! Wer will uns scheiden von der Liebe des

---

419 Im Sinne von „Vorherwissen". Gott wusste, wer sich zu ihm bekennen wird.

420 Bei der Bekehrung als Anfang.

421 Nach dem Wort im Urtext „gerufen". Gott *ruft* jeden Menschen zur Umkehr. Wer auf diesen Ruf positiv durch Bekehrung antwortet, zählt zu den „Vorherbestimmten", eigentlich „Vorhergewussten".

422 Sie werden wie der Sohn und der Vater.

Christus? Drangsal oder Angst oder Verfolgung oder Hunger oder Blöße oder Gefahr oder Schwert? Wie geschrieben steht: ‚Um deinetwillen werden wir getötet den ganzen Tag; wie Schlachtschafe sind wir geachtet!' Aber in dem allem überwinden wir weit durch den, der uns geliebt hat. Denn ich bin gewiß, daß weder Tod noch Leben, weder Engel noch Fürstentümer noch Gewalten, weder Gegenwärtiges noch Zukünftiges, weder Hohes noch Tiefes, noch irgend ein anderes Geschöpf uns zu scheiden vermag von der Liebe Gottes, die in Christus Jesus ist, unserem Herrn."[423]

Es gibt keine Macht, die die Liebesbeziehung zwischen dem Gläubigen und Gott zerreißen könnte. Es wird nicht zum Schlimmsten kommen. Das ist das Wichtigste, weil unsere Rettung feststeht. Wir wissen nicht immer, warum etwas geschieht. Besonders im Leid stehen wir verzweifelt und verwirrt da. Paulus weist uns jedoch auf etwas hin, was wir verstehen können und sollen: Wir sind von Gott geliebt. Das versichert uns sein Wort. Wir wissen auch, dass er allwissend und weise ist. Wir wissen, dass er alle Macht hat über alle Umstände in unserem Leben. Nichts geschieht außerhalb von ihm, weil es kein Außerhalb gibt. Alles, was den Gläubigen betrifft, ist in seiner Liebe eingebettet. Damit ist alles, was uns zustößt, Teil eines guten Plans für ein gutes Ziel. Was jetzt geschieht, an jedem Tag im Leben eines Gläubigen, liegt in der Absicht Gottes. Und es dient uns zum Besten – auch im Leid.

Und was ist das, dieses „Beste im Leid"? Es besteht darin, dass wir durch Verunsicherung, Enttäuschung, Hilflosigkeit, Verlassenheitsgefühle hindurchgeführt werden und in diesem schmerzhaften Prozess Jesus immer ähnlicher, d. h. „dem Ebenbild seines Sohnes gleichgestaltet [...]" werden – gerade in Bedrängnis, in Angst, in schwerstem Leid. Denn auch dann wirkt die Liebe Gottes in uns. Sie ist „ausgegossen in unsere Herzen durch den Heiligen

---

423 Röm 8, 28-39. Klammer im Original.

Geist, der uns gegeben worden ist".[424] Auch tiefstes Leid kann uns nicht von der Liebe Gottes trennen. Er ist da, er bleibt da.

WIR LEBEN IN ZWEI WELTEN

Es gibt also Segen im Leid. Wobei wir „Segen" gerne empfangen, aber „Leid" nicht. Lieber kein Leid! Uns ist der Kelch am liebsten, der an uns vorübergeht. Wenn wir uns entscheiden dürften, ob wir Jesus durch Leid ähnlicher werden möchten oder ohne Leid, dann gerne ohne.

Wir wissen einiges, weil die Bibel uns Offenbarungen gibt über Gott, über uns selbst und über die Welt. Wir wissen, dass wir wegen des Sündenfalls der ersten Menschen in einer Welt voll Leid und Tod leben. Wir wissen, dass der „Fürst dieser Welt", der Teufel, unter der Kontrolle Gottes in dieser Endzeit seinen antichristlichen Einfluss auf die Menschheit verstärken wird – bis Jesus wiederkommt. Wir haben (größtenteils in apokalyptisch-symbolischer Sprache) Informationen darüber, was auf die Welt bis dahin noch alles zukommt.

Was uns selbst betrifft, wissen wir noch viel mehr. Wir wissen, dass wir „gerechtfertigt" sind: Uns sind durch den Glauben an Jesus Christus die Sünden vergeben, wir sind mit Gott versöhnt. Die Sünde hat kein Verfügungsrecht über uns, da Jesus Herr unseres Lebens ist. Wir sind uns der Liebe des Herrn gewiss, denn er ist treu. Wir wissen, dass uns alles zum Besten dient. Manchmal erkennen wir, warum alles so gekommen ist und wozu manche schweren Zeiten gut waren. Aber wir haben keinen Gesamtüberblick, warum und zu welchem Zweck viele Dinge geschehen sind und auch weiterhin geschehen werden. Warum unser aktuelles Leid gerade sein muss, wissen wir nicht. Gebete werden nicht immer erhört, und

---

424 Röm 5,3-5.

gerade das, was wir nicht wollen, geschieht manchmal. Wir hätten gerne mehr Kontrolle darüber, aber wir werden allzu oft dorthin geführt, wo wir nicht hin wollen.[425] Manchmal läuft alles gut, manchmal gar nicht. Wir können das eine Mal voller Gotteslob sein, dann wieder sind wir voller Verzweiflung. Wir glauben und wir zweifeln, ob wir wirklich glauben. Warum ist das so? Wir wissen es nicht.

Martin Luther schreibt: „Es muss gehen nicht nach deinem Verstand, sondern über deinen Verstand, senke dich in Unverstand; so gebe ich dir meinen Verstand; nicht wissen, wohin du gehest, das ist recht wissen, wohin du gehest. Mein Verstand macht dich gar unverständig. So ging aus Abraham von seinem Vaterlande und wusste nicht wohin. Er gab sich in mein Wissen und ließ fahren sein Wissen und ist kommen den rechten Weg an das rechte Ende. Siehe, das ist der Weg des Kreuzes, den kannst du nicht finden, sondern ich muss dich führen als einen Blinden; darum nicht du, nicht ein Mensch, nicht eine Kreatur, sondern Ich, ich selbst will dich unterweisen durch meinen Geist und Wort den Weg, den du inne wandeln sollst. Nicht das Werk, das du wählest, nicht das Leiden, das du erdenkest, sondern das dir wider dein Erwählen, Denken, Begehren zukommt, da folge, da rufe ich, da sei Schüler, da ist es Zeit, dein Meister ist da kommen."[426]

Die Predigerin Corrie ten Boom[427] hatte bei ihrem Dienst oft ein blaues Tuch dabei, mit einem Feld aus vielen Hundert wirr verschlungenen, bunten Garnfäden in der Mitte. Sie sollen symbolisieren, dass wir nur unsere Sicht auf unser Leben haben und dort

---

425 Joh 21,18.

426 Zu Psalm 32 aus: Schriften Martin Luthers, Die sieben Bußpsalmen, Eisleben 1846.

427 1892–1983. Niederländische Überlebende des Holocaust, die Juden und Mitglieder der niederländischen Untergrundbewegung vor den nationalsozialistischen Besatzern rettete und dafür ins KZ Ravensbrück deportiert wurde. Nach ihrer Befreiung setzte Corrie ten Boom sich weltweit für Vergebung und Versöhnung zwischen Opfern und Tätern ein.

im Grunde nur ein Durcheinander erkennen können, kein Muster, kein klares Bild, keine Zusammenhänge. Ten Boom erklärte das Tuch folgendermaßen: „Schauen Sie sich diese Stickerei an. Auf der falschen Seite ist Chaos. Aber schauen Sie sich schöne Bild auf der anderen Seite an." Sie drehte das Tuch um, und da waren keine ungeordneten, bunten Fäden mehr zu sehen, sondern eine große, gestickte Krone. Sie ist der Hinweis auf Jakobus 1,12: „Glückselig ist der Mann, der die Anfechtung erduldet; denn nachdem er sich bewährt hat, wird er die Krone des Lebens empfangen, welche der Herr denen verheißen hat, die ihn lieben."

Die Krone des Lebens ist unsere leibliche Auferstehung und das, was uns im ewigen Leben erwartet: Freude, Würde und Ehre bei und von Gott. Die Krone des Lebens bei Jakobus und auch in der Offenbarung[428] ist vergleichbar mit dem „unvergänglichen Siegeskranz", von dem Paulus im Brief an die Korinther[429] spricht. Die Krone des Lebens und der Siegeskranz sind jedem an Jesus Glaubenden sicher, er muss nicht darum kämpfen und sich die Belohnung verdienen. Doch auf dem Weg zum Sieg wird er auf vieles verzichten und vieles erdulden und durchstehen müssen. Vieles, dessen Notwendigkeit er nicht versteht. Corrie ten Boom, die sehr viel Gutes, aber auch sehr viel Leid erlebt hat, sagte dazu: „Obwohl die Fäden meines Lebens oft durcheinander liefen und verknotet zu sein schienen, weiß ich im Glauben, dass auf der anderen Seite der Stickerei die Krone ist."[430]

Doch auch schon jetzt haben wir es mit zwei Seiten in unserem Leben zu tun: Wir leben hier auf der Erde, aber auch schon „im Himmel". Körperlich sind wir „in der Welt", geistlich aber „in Jesus". Weil Christus durch seinen Tod am Kreuz und seine

---

428 Offb 2,10

429 1Kor 9,25. Auch 2Tim 2,5; 4,8 und 1Petr 5,4.

430 Corrie ten Boom: Mit Gott durch dick und dünn, Weltreisende mit guter Nachricht 1945-1975.

Auferstehung die Sünde und den Tod besiegt hat, ist unser alter Mensch durch den Glauben an ihn auch mit ihm am Kreuz gestorben und dadurch herausgenommen worden aus der Herrschaft Satans und der Sünde. Weil unser Glaube auch die Auferstehung des Herrn miteinschließt, wurden wir durch den Heiligen Geist auch in die Auferstehung Christi mit hineingenommen. Durch unsere Bekehrung sind wir mit ihm auferweckt und leben, wo er lebt – im Himmel, zur Rechten des Vaters. Gott hat uns „mitauferweckt und mitversetzt in die himmlischen [Regionen] in Christus Jesus".[431] „Schon jetzt" sind wir „im Himmel"[432]: „Wer an den Sohn glaubt, der hat ewiges Leben."[433] Das „Sein zum Tod" (Heidegger) des unbekehrten Menschen ist bei den Gläubigen umgewandelt in das „Sein zum Leben".

Während wir geistlich in Christus und mit ihm „schon jetzt" im Himmel sind, sind wir gleichzeitig im Zustand des „Noch nicht": Wir können es in der Welt mit all dem Un-Heil zu tun bekommen, dem auch Ungläubige ausgesetzt sind. In unserem Leben „im Fleisch" sind körperliche, seelische und geistige Schwachheit und Krankheit nicht ausgeschlossen. Auch der Tod nicht. Die „Erlösung unseres Leibes"[434] steht noch aus. Doch obwohl wir in der selben Grundsituation sind wie Ungläubige, gibt es doch entscheidende Unterschiede: Im Leid können wir göttlichen Segen erfahren, der sich geistlich auswirkt und uns Hilfe und Trost ist. Doch auch körperlich können wir auf Segen hoffen – durch Heilung. Dieses Eingreifen können wir aber nicht erzwingen, sondern müssen es Gott überlassen. Eine von Gott bewirkte Heilung ist zukunftsweisend im Blick auf das, was Gott noch tun wird, wenn wir einen Auferstehungsleib bekommen werden. Erst dann wird unser Leib der

---

431 Eph 2,6. Klammer im Original.

432 Aus der Ewigkeit Gottes gesehen ist das jetzt schon „Wirklichkeit".

433 Joh 3,36; 6,47; 11,25.

434 Röm 8,23.

„Niedrigkeit" „umgestaltet" und dem „Leib der Herrlichkeit" Jesu Christi gleichförmig sein.[435]

Es gibt zwar einen Zusammenhang zwischen Glaube und Heilung, wir haben aber keinen Anspruch darauf, dass es uns immer gut gehen wird. Aber wir vertrauen in Bezug auf körperliche Heilung auf den Herrn: „Ist jemand von euch krank? Er soll die Ältesten der Gemeinde zu sich rufen lassen; und sie sollen für ihn beten und ihn dabei mit Öl salben im Namen des Herrn. Und das Gebet des Glaubens wird den Kranken retten, und der Herr wird ihn aufrichten; und wenn er Sünden begangen hat, so wird ihm vergeben werden."[436]

Jakobus fordert Kranke dazu auf, die Hilfe der Gemeindeältesten in Anspruch zu nehmen und sie zu sich zu rufen.[437] Biblisch gesehen sind weder selbsternannte Heilungsspezialisten noch Heilungsveranstaltungen mit großem Publikum der Weg der Heilung. Sie ist kein öffentliches Event, sondern geschieht im kleinen Kreis. Bei Jesus und den Aposteln wird Heilung zudem nie als spektakuläres und höchst mitteilungswertes Ereignis beschrieben; oft befiehlt Jesus, gar nicht darüber zu reden. Adolf Schlatter[438] schreibt in seinem Kommentar zum Jakobusbrief: „Wenn aber die Krankheit unsere Kraft lähmt, und wie's oft genug geschieht, auch unsern Geist umfangen hält, auch dann soll uns der Segen und die Hilfe des Gebets nicht fehlen [...]. Hier hat die Fürbitte ihren Ort. Als die, welche beten können und der Fürbitte als einem heiligen Geschäft obliegen, nennt Jakobus die Alten in der Gemeinde, denen das Alter Erfahrung gebracht hat und Befestigung im Glauben, die auch durch ihr Alter das Vertrauen der andern erworben haben und darum an der Spitze der Gemeinde stehen

435 Nach Phil 3,2.

436 Jak 5,14f.

437 Vor allem wohl bei schwerer Krankheit, die es dem Gemeindemitglied unmöglich macht, die Ältesten aufzusuchen.

438 1852-1938. Schweizer evangelischer Theologe und Exeget.

und mit der Fürsorge für sie betraut sind. Dann, wenn Schwachheit und Krankheit den Einzelnen ohnmächtig macht, soll er's zu geniessen haben, dass er in eine Gemeinde gepflanzt ist, die für seine Schwachheit eintritt, und von Männern geleitet ist, die für ihn beten können."[439]

Dieses Gebet ist ein Gebet des Glaubens. Ein Gebet des Glaubens ist ein Gebet des Vertrauens. Des Vertrauens darin, dass Gott der Herr das Richtige tun wird. Im Hebräerbrief wird solches Beten bildlich als das Hinzutreten zum „Thron der Gnade"[440] beschrieben. Von dort kann Heilung von schlimmsten Krankheiten kommen, von dort kann aber auch das innerliche Aufrichten kommen im Leid, das Durchhelfen mit dem Trost, der Stärkung und der Liebe des Herrn. Und der Kranke kann sein Leid mit neuer Kraft in Geduld ertragen. Das Gebet des Glaubens geht jedoch noch tiefer: Es beinhaltet auch innere Heilung bei Sünde. Wenn der Kranke Sünden begangen hat und Buße tut, wird ihm vergeben werden. Das ist ihm fest zugesagt.

Gebet des Glaubens heißt aber immer: Gottes Wille soll geschehen. Das Gebet des Glaubens ist das Gebet des Gehorsams und der Anerkennung des göttlichen Herrschers und Helfers – was auch immer er tun wird.

Hier auf der Erde sind wir Anfechtungen und Krisen ausgesetzt, auch körperlicher Art. Doch wir haben im Gegensatz zu Nicht-Glaubenden unseren Herrn, an den wir uns im Glauben wenden können. Und mit seiner Hilfe und Gnade dürfen wir auch bei körperlichen Leiden seine Heilung erfahren oder die Kraft zum Durchhalten bekommen. Nichts kann uns von seiner Liebe trennen, alles wird uns zum Besten dienen und – wir werden die Krone des Lebens erhalten. Deshalb schauen wir im Vorletzten, im Sichtbaren

---

439 glaubensstimme.de/doku.php?id=autoren:s:schlatter_a:schlatter-der_brief_des_jakobus_ausgelegt_fuer_bibelleser.

440 Hebr 4,16.

auf das Letzte, auf den Endzustand, „auf das Unsichtbare; denn was sichtbar ist, das ist zeitlich; was aber unsichtbar ist, das ist ewig“[441].

VOM ENDE HER DENKEN

Das noch Unsichtbare, Neue und Ewige wird in der Offenbarung so beschrieben: „Und ich sah einen neuen Himmel und eine neue Erde; denn der erste Himmel und die erste Erde waren vergangen, und das Meer gibt es nicht mehr. Und ich, Johannes, sah die heilige Stadt, das neue Jerusalem, von Gott aus dem Himmel herabsteigen, zubereitet wie eine für ihren Mann geschmückte Braut. Und ich hörte eine laute Stimme aus dem Himmel sagen: Siehe, das Zelt Gottes bei den Menschen! Und er wird bei ihnen wohnen; und sie werden seine Völker sein, und Gott selbst wird bei ihnen sein, ihr Gott. Und Gott wird abwischen alle Tränen von ihren Augen, und der Tod wird nicht mehr sein, weder Leid noch Geschrei noch Schmerz wird mehr sein; denn das Erste ist vergangen. Und der auf dem Thron saß, sprach: Siehe, ich mache alles neu! Und er sprach zu mir: Schreibe; denn diese Worte sind wahrhaftig und gewiß! Und er sprach zu mir: Es ist geschehen! Ich bin das A und das O, der Anfang und das Ende. Ich will dem Dürstenden geben aus dem Quell des Wassers des Lebens umsonst! Wer überwindet, der wird alles erben, und ich werde sein Gott sein, und er wird mein Sohn sein. Die Feiglinge aber und die Ungläubigen und mit Greueln Befleckten und Mörder und Unzüchtigen und Zauberer und Götzendiener und alle Lügner — ihr Teil wird in dem See sein, der von Feuer und Schwefel brennt; das ist der zweite Tod.“[442]

441 2Kor 4,18
442 Offb 21,1-7.

Der Apologet C. S. Lewis[443] schreibt, dass es nur zwei Arten von Menschen gibt: Die einen sagen zu Gott: „Dein Wille geschehe“, und zu den anderen sagt Gott: „Dein Wille geschehe.“

Die ersteren werden nach dem Endgericht in der absoluten Liebe und der Herrlichkeit und Heiligkeit Gottes leben, in der es keine Sünde, keine Krankheit, keine Schmerzen, kein Leid und keinen Tod geben wird. Wir werden in einem neuen Himmel und einer neue Erde in der Gegenwart Gottes ewig leben.

Wer aber auf seiner Rebellion gegen Gott bestanden hat, dem sagt Gott beim Endgericht: „Dein Wille geschehe.“ Wer die Einladung zur Umkehr abgelehnt und das Geschenk des Glaubens, der Vergebung und des Heils verweigert hat, auch alle, die Leid und Tod verursacht haben, alle „Unbußfertigen“, die ohne Gott leben wollten, werden den Zorn Gottes wegen ihrer Sünde zu spüren bekommen und als „in die Finsternis Hinausgestoßene“ in einem ewigen Zustand des „Heulens und Zähneknirschens“[444] im „Feuersee“ leiden. Dann bekommen sie ihr Leben ohne Gott. Endgültig.

Ein Leben ohne Gottes Gegenwart bedeutet, an einem Ort der totalen Finsternis zu sein, ohne das Licht der Gegenwart Gottes. Es ist der zweite, endgültige Tod. Leben kann man das eigentlich nicht nennen, doch die von Gott verurteilten, unbußfertigen Sünder müssen trotzdem „existieren“. Sie befinden sich in einem Zustand tiefster Trauer und der Hoffnungslosigkeit, dass sich daran noch etwas ändern könnte. Es ist das absolute Entsetzen und die absolute Qual des Menschen, der die Konsequenzen seines verfehlten Lebens erkannt hat. Woher dieses Erkennen kommt, kann man nur vermuten: Diese Unbußfertigen stehen im Endgericht vor Gott in all seiner Herrlichkeit. Jetzt können sie sich nicht mehr verstecken, Gott nicht mehr ignorieren, seine Existenz nicht mehr

---

443 Clive Staples Lewis (1898–1963), Literaturwissenschaftler und Autor zahlreicher und erfolgreicher apologetischer Schriften und Bücher.

444 Mt 8,12; 24,51; Lk 13,28.

leugnen. Und sie stehen vor der absoluten Wahrheit. Sie haben keine Argumente und keine Ausreden mehr für ihre Rebellion. Und ihnen werden wohl die Augen geöffnet: Sie erkennen sein Wesen, ihnen wird nun offenbart, dass sie vor einem absolut heiligen und gerechten Gott stehen. Doch es gibt für sie nun keine Gnade, keine Vergebung, keine Liebe, kein Zurück mehr zu Gott. Dieses endgültige Gerichtsurteil über den Menschen geschieht hier ein für alle Mal. Und die Erfahrung des ebenfalls endgültigen Todes ist für die Betroffenen – die Hölle.

ES IST GESCHEHEN

Der Apostel Johannes sieht einen neuen Himmel und eine neue Erde, d.h. eine ganz neue Realität. Auch deshalb, weil das „Meer“ nicht mehr ist. Fünf Bedeutungen werden diesem „Meer“ zugewiesen:

» als Symbol für den Ursprung alles Bösen im Kosmos[445]

» als Ort der Toten[446]

» als Symbol für die rebellischen Völker und den Antichristen, die das Volk Gottes verfolgen[447]

» als das Mittelmeer, dem Zentrum der götzendienerischen Weltwirtschaft

Johannes sah das Neue Jerusalem, das Symbol für das wahre Volk Gottes, die Braut des Lammes, die Gemeinschaft der Erlösten, die Jesusnachfolger, die ihm auch in schweren Zeiten treu geblieben ist. Das Volk Gottes ist die Heilige Stadt, die Gemeinschaft der

---

445 „Drache“ in Offb 12,3.18; das „Tier aus dem Meer“ in Offb 13,1; 15,2.

446 Offb 20,13: „Und das Meer gab die Toten heraus.“

447 Ebd., 13,5-9.

Heiligen mit Gott, die Gerechten aus dem Ersten Bund und die Juden- und Heidenchristen aus allen Völkern, die „ihre Kleider gewaschen und sie weiß gemacht haben im Blut des Lammes“[448]. Sie alle, und nur sie, haben ungehinderten Zugang zum Thron Gottes. Von dort spricht Gott: „Es ist geschehen! Ich bin das A[lpha] und das O[mega], der Anfang und das Ende.“

Zum ersten Mal ist Entscheidendes für die Rettung der Menschen geschehen und wurden Sünde und Tod besiegt, als Jesus am Kreuz starb und sagte: „Es ist vollbracht.“ Ein weiteres Mal erfolgte dieser Ausspruch nach der Ausgießung der sieben Zornesschalen Gottes auf die unbußfertige Menschheit. „Vom Thron her“ sprach eine Stimme: „Es ist geschehen!“[449] Und nun wieder beim Erscheinen des Neuen Jerusalems: „Es ist geschehen.“ Was ist geschehen? Das messianische Volk Gottes, die Jesustreuen und gerecht Gesprochenen werden nicht den zweiten Tod im Feuersee erleiden müssen, sondern dürfen in Ewigkeit in unmittelbarer Gegenwart von Gottes Herrlichkeit, in seinem Frieden, seiner Liebe und Glückseligkeit leben. Das Erlösungswerk Christi ist nun vollständig: Der geistliche Tod, der leibliche Tod und der ewige Tod im Feuersee sind besiegt. Und die Gläubigen stehen für immer auf der Seite des Siegers.

Aus der Perspektive des ewigen Gottes, für den auch die Ewigkeit gegenwärtig ist, ist das Beste, das für die Gerechten noch kommen wird, schon Gegenwart. Gott ist mit seiner Schöpfung am Ziel. Wir sind angekommen. Schon jetzt. Heilsgeschichtlich betrachtet leben wir in zwei Welten: hier auf Erden und im Neuen Jerusalem.

Und so ist es uns Hilfe und Trost, wenn wir über „die Leiden der jetzigen Zeit“[450] hinausschauen auf das Ende des Leids. Frank Retief schreibt: „Wir müssen lernen, mit der Erwartung zu leben,

---

448 Ebd., 7,14.

449 Offb 17,17.

450 Röm 8,18.

dass diese Welt vergeht. Nichts ist hier von Dauer. Wir sollten die Dinge dieser Welt nur lose festhalten und unsere Augen auf die neue Schöpfung richten, wo es nie mehr Kummer geben wird."[451]

Corrie ten Boom berichtet von einer schwer kranken Freundin, die nach ihrer Genesung Folgendes sagte: „Ich glaube, dass ich reicher als vor meiner Krankheit in mein Alltagsleben zurückkehren werde. Ich sehe jetzt, daß unsere Zeiten in Gottes Hand sind. Ich glaube, daß ich die Gelegenheiten, die der Herr mir in Zukunft geben wird, dankbarer angreifen werde, nachdem ich gedacht habe, damit wäre es ganz vorbei. Als ich sterbenskrank war, wußte ich, wie ernst mein Zustand war; aber der Herr gab mir Gnade. Ich fürchtete mich nicht. Jetzt, wo ich ins Alltagsleben zurückgehe, weiß ich, daß ich die kleineren Probleme im Ewigkeitslicht sehen werde. Ich bin sicher, daß ich mir nicht mehr so viel Sorge um die täglichen Probleme machen werde. Ich danke Gott für diese Krankheit. Sie hat mich mehr bereit gemacht fürs Leben."[452]

Diesen Blick auf Zukünftiges gerade im Leid finden wir schon in den Psalmen: „Und dennoch bleibe ich stets bei dir; du hältst mich bei meiner rechten Hand. Du leitest mich nach deinem Rat und nimmst mich danach in Herrlichkeit auf!"[453]

UND GOTT SCHAUT NICHT NUR ZU

Wenn ein Marathonläufer am Ziel ankommt, geht es ihm wesentlich schlechter als am Start. Bei Jesusnachfolgern ist es genau umgekehrt: Sie werden sich am Ziel so gut fühlen wie noch nie in

---

451 Retief, a.a.O., S. 177.

452 Corrie ten Boom: Denn du bist bei mir, R. Brockhaus Verlag, S. 59f.

453 Ps 73,23f.

ihrem Leben. Ihnen wird es unbeschreiblich gut gehen, sie werden „im überschwenglichen Reichtum seiner Gnade in Güte“[454] leben.

Könnten wir aus der Ewigkeit zurückschauen, würden wir bestätigen, was Jesus sagte: „ Wenn jemand mir nachkommen will, so verleugne er sich selbst und nehme sein Kreuz auf sich und folge mir nach! Denn wer sein Leben retten will, der wird es verlieren; wer aber sein Leben verliert um meinetwillen, der wird es finden. Denn was hilft es dem Menschen, wenn er die ganze Welt gewinnt, aber sein Leben verliert?“[455]

Was hätte der Mensch davon, wenn es ihm in dieser Welt nur gut ginge, er aber nach seinem Tod in der endgültigen und dramatischsten Katastrophe landet, die man sich (nicht) vorstellen kann? Wenn er sein von Gott gewolltes und vorbereitetes, sein eigentliches und ewiges Leben nicht genießen kann? Was hätte er davon, sein Leben unbeschwert auf dieser Erde verbracht zu haben, wenn er danach nur noch leidet – in ewigen „Höllenqualen“? Da wäre es besser, sogar „einäugig das ewige Leben zu erhalten, als mit beiden Augen ins Feuer der Hölle geworfen zu werden“ [456].

Es geht um Leben oder Tod. „Wer an mich glaubt, hat ewiges Leben“, sagt Jesus. Nur wer ihm nachfolgt, findet das Leben; es ist der Lohn für diejenigen, die an Jesus Christus glauben. Sie dürfen im Haus des Herrn ihr „ganzes Leben lang die Lieblichkeit des Herrn schauen“[457], „die Güte des Herrn sehen im Land der Lebendigen“[458] und sie werden „das Licht des Lebens“[459] haben – jetzt und in Ewigkeit. Sie werden „herrlich“ sein, und der Ort, wo sie leben, wird es ebenso sein. Wenn Jesus wiederkommt, werden Gläubige von

---

454 Eph 2,7.

455 Mt 10,39; 16,26; Mk 8,36; Lk 9,25.

456 Mt 18,9 (Hoffnung für alle).

457 Ps 27,4.

458 Ebd., Vers 13.

459 Joh 8,12.

der Knechtschaft der Vergänglichkeit befreit werden oder aus den Toten auferstehen. Der „Leib der Niedrigkeit" wird „umgestaltet, so daß er gleichförmig wird seinem Leib der Herrlichkeit, vermöge der Kraft, durch die er sich selbst auch alles unterwerfen kann."[460] Das geschieht zuerst, und danach kommt die neue Schöpfung, die neue Welt. Das ist die endgültige Herrlichkeit, die auf uns wartet. Deshalb soll jetzt gehört und geglaubt werden: „Wahrlich, wahrlich, ich sage euch: Wer mein Wort hört und dem glaubt, der mich gesandt hat, der hat ewiges Leben und kommt nicht ins Gericht, sondern er ist vom Tod zum Leben hindurchgedrungen."[461]

Doch was ist denn jetzt mit der Antwort auf unsere Kernfrage? Schaut der allmächtige, gerechte und liebende Schöpfer unserem Leid nur zu? Nein. Er hat sich nicht tatenlos von dem Leid der Welt zurückgezogen, sondern wurde in Jesus Christus Mensch. Dieser hat während seines Lebens und bei seinem Tod am Kreuz gelitten, ist gestorben, wurde auferweckt und zur Rechten Gottes erhöht, hat den Menschen den Heiligen Geist geschickt, durch den die, die an Christus glauben, „Kraft empfangen, um Zeugen zu sein in Jerusalem und in ganz Judäa und Samaria und bis an das Ende der Erde!"[462]

Jesus Christus hat sich nicht von den Menschen und ihrem Leid ferngehalten, sondern er ist ihnen aus Liebe durch Leid und Tod vorangegangen, er ist für sie zur Sünde geworden und hat für sie unsagbares Leid und große Schmerzen auf sich genommen. Er weiß nicht nur, was Leid ist; er ist auch fähig, unser Leid mitzutragen und im wahrsten Sinn des Wortes Mitleid mit uns zu haben.[463]

Christus hat mit seinem Tod am Kreuz und durch seine Auferstehung die Sünde und den Tod besiegt; dadurch hat eine neue

---

460 Phil 3,21.

461 Joh 5,24.

462 Apg 1,8.

463 Vgl. Hebr 4,15.

Schöpfung begonnen. Diese Weltzeit ist im Vergehen begriffen. Das Alte wird nicht verbessert, weil das Neue schon in ihm ist und – wann Gott es will – es einmal nur noch das Neue geben wird. Bis dahin schaut Gott dem Leid nicht zu, sondern ist Herrscher über das Leid und Helfer, Hirte und Mitleidender im Leid.

HIOB ODER CHRISTUS?

Die sogenannte „Theodizeefrage" lautet ja: Wie ist das Leid in der Welt zu erklären, wenn Gott doch allmächtig und gut ist? *Warum lässt er das Leid zu, wenn er es mit seiner Allmacht verhindern könnte und es wegen seiner Güte und Liebe auch verhindern müsste?*

Im Gegenzug könnte man fragen: Wann hätte er denn mit dem Verhindern anfangen sollen? Gestern? Vor einem Monat? Vor einem Jahr? Und was wäre mit denen gewesen, die davor lebten? Einfach Pech gehabt? Wann hätte Gott gerechterweise dafür sorgen sollen, dass es kein Leid gibt? Und dafür, dass jeder Mensch von Gottes Gnade profitiert? Hat er es denn nicht getan? Hat er denn nicht „Im Anfang" eine sehr gute Welt erschaffen, ein Paradies ohne Leid und Tod?

Aber die klassische Theologie kommt bei der Beantwortung der Theodizeefrage nicht über Hiob und Kant hinaus und bietet nur Ratlosigkeit als Antwort: Wir wissen nicht, warum der allmächtige und gütige Gott Leid zulässt. Wir können uns das nicht erklären.

Im Neuen Testament gibt aber derjenige Antwort, dem „alle Macht im Himmel und auf Erden"[464] gegeben wurde: Jesus Christus. Mit seinem Kreuzestod und seiner Auferstehung hat etwas Neues begonnen, ein neues Zeitalter und zukünftig sogar eine neue Welt. Die Leid und Tod bringende Entscheidung der ersten Menschen wurde korrigiert: Christi Tod am Kreuz setzte

464 Mt 28,18.

die kommende Erlösung und Befreiung von Leid und Tod in Gang. Es ist die Erlösung aus einer Welt mit sterbenden Menschen in einer sterbenden Welt. Seine Auferstehung bedeutete den Sieg über den Tod und verschaffte uns die Gewissheit, dass Christus, der Leid und Tod überwunden hat, auch den Weg frei macht für die Erneuerung des Menschen und der Schöpfung in einer neuen Welt, die ewig bleibt.

Der Gott, der wusste und beschlossen hat, dass er als Mensch an einem Kreuz sterben wird, der hat auch gewusst, dass die Menschen sich in ihrer selbstbestimmten Freiheit von ihm abwenden würden. Deshalb hat er sie als erlösungsbedürftige und erlösungsfähige Geschöpfe geschaffen. Das Zulassen des Sündenfalls mit den Folgen von Leid und Tod ist mit dem Wesen Gottes vereinbar, weil die Beendigung dieses Zustands und die Art und Weise, wie das geschehen soll, schon vor aller Zeit beschlossen war. Darin zeigt sich der allmächtige, gerechte und gütige Gott. Er lässt die Sünde und daraus resultierend das Böse, das Übel und das Leid zu, weil ein neuer Zustand, eine neue Welt kommen wird und sogar schon jetzt begonnen hat. Die Optimierung der alten Welt kann deshalb nicht das Thema sein. Das war es noch nie. Sie ist unumkehrbar durch die Sünde und ihre Folgen geprägt. Jesus Christus, Gott auf Erden, hat nie zu einer Verbesserung der bestehenden Welt aufgerufen, sondern die Erneuerung von Menschen in dieser Welt als Zeichen des zukünftigen völlig Neuen in Gang gesetzt.

Jede Heilung, jedes Wunder, das Jesus vollbrachte, war nicht für diese Welt gedacht, sondern wies über diese Welt hinaus auf die neue hin. Es geht für den Menschen um Erlösung aus der Sünde und um die Vermeidung des zweiten, ewigen Todes. Die Allmacht und Liebe Gottes gehen weiter, als den gefallenen Menschen nur vor Gefahren und Bedrohungen in einer untergehenden Welt zu schützen. Denn das würde bedeuten, dass sie hier nur ein schönes Leben hätten und später dann die ewige Hölle erleiden müssten. Begonnen hat vielmehr schon das ganz andere, das neue, das ewige Leben, das die Sünde, den Tod und die Welt des ersten Adams hinter sich lässt. Die Antworten auf die Theodizeefrage sind daher der Kreuzestod Jesu und seine Auferstehung. Deren Bedeutung und Botschaft ist, dass Gott trotz seiner Allmacht, seiner Güte und Liebe das Leid nicht verhindert, weil es ihm nicht bloß um Abwendung von weltlichem Unheil geht, sondern um Hinwendung des Menschen zum ewigen Heil. Das ist durch den Kreuzestod Jesu, seine Auferstehung und seine Rückkehr zum Vater möglich geworden – wenn der Mensch dem glaubt, der alles neu macht. Der Anfang des Neuen war der auferstandene Christus. Der Apostel Paulus schreibt in seinem Brief an die Gemeinde in Rom: „Denn wenn wir mit Gott versöhnt worden sind durch den Tod seines Sohnes, als wir noch Feinde waren, wieviel mehr werden wir als Versöhnte gerettet werden durch sein Leben!“[465]

Die Theodizeefrage macht den Unterschied zwischen weltlicher Vorstellung[466] und göttlicher Vorsehung deutlich. Die biblische Antwort ist: Diese Welt wird nicht *von* Leid erlöst, sondern *durch* Leid erlöst. Von Christus am Kreuz, wo er „sein Leben gegeben hat für viele“[467]. „Hier, am Kreuz, erkennen wir die Einheit der Barmherzigkeit, der Gerechtigkeit, der Allmacht und der Allweisheit Gottes. An diesem Punkte also ist uns vergönnt, in das Geheimnis der göttlichen Weltregierung hineinzuschauen; das undurchdringliche Dunkel, das sonst über ihr liegt, wird wie ein Vorhang hier vor unseren Augen weggezogen. Sobald wir aber vom Kreuz wegblicken und die Weltgeschichte selbst theologisch

---

465 Röm 5,10.

466 Auf Grundlage der menschlichen „Vernunft“. Die eigentliche, vom Geist Gottes beeinflusste Vernunft besteht jedoch darin, den biblischen Aussagen zu glauben.

467 Mt 20,28.

zu deuten versuchen, wird der Vorhang wieder gezogen, und wir schauen ins undurchdringliche Dunkel."[468]

Die Welt wird auch nicht vom Unheil *befreit*, sondern ins Heil *gerufen* – durch die Auferstehung Jesu Christi. Sie ist der Wegbereiter in das endgültige Heil des Neuen Himmels und der Neuen Erde für alle an ihn glaubenden Nachfolger.

Das Theodizeeproblem ist dann ein Problem, wenn der ungläubige (und manchmal auch der gläubige) Mensch sich zum Ankläger Gottes macht: Dieser Gott soll begründen, warum er sich nicht so verhält, wie es Menschen von einem allmächtigen, allwissenden und gütigen Gott erwarten. Auf diese Weise bekommt der Mensch jedoch keine Antwort. Denn er kann nur Rechtfertigung für ein Tun oder Unterlassen unter seinesgleichen fordern und nicht von Gott. Denn gegenüber diesem allmächtigen, allwissenden, weisen und gütigen Gott sitzt der sündige Mensch auf der Anklagebank, nicht umgekehrt. Der eigentlich Angeklagte will sich zum Ankläger machen. Das ist sein Problem. Denn in dieser verkehrten Rolle wird er von Gott keine Antwort bekommen. Ihm bleibt nur, sich selbst eine zurechtzulegen.

Wer die Theodizeefrage stellt, hat nicht erkannt, dass die Erlösung von Leid oder sein Nichtvorhandensein nichts nützt, wenn man nicht das Leiden Christi und seinen Tod als Erlösung von Schuld und seine Auferstehung durch persönlichen Glauben anerkennt. Denn nur Jesu Tod und Auferstehung machen die Rettung vor der Verdammnis ins „ewige Leid im ewigen Tod" möglich. Nicht die Erlösung von körperlichem, seelischem und geistigem Leid ist für den sündigen Menschen existenziell entscheidend, sondern die Erlösung von Schuld. *Das* ist der Heilsplan und der Wille Gottes. „Dieser Heilsplan [...] hat ein Endziel, verläuft also nicht zyklisch, sondern teleologisch oder finalistisch, auf ein Ende

468 Emil Brunner: Dogmatik II, Die christliche Lehre von Schöpfung und Erlösung, Zwingli Verlag 1950, S. 217.

und Ziel ausgerichtet. Heilsgeschichte umfasst daher den progressiven (fortschreitenden) offenbarten Plan Gottes zum Heil der Menschheit und die Ausführung dieses Plans in der menschlichen Geschichte mit dem Endziel, Gott zu verherrlichen. Und dieser Heilsplan ist soteriologisch[469], theozentrisch[470] und geschichtlich strukturiert: soteriologisch bezüglich des Heils der Menschen, soweit sie sich retten und rufen lassen; theozentrisch, indem Gott verherrlicht wird als Endziel dieses Heilsplans; und geschichtlich, weil heilsgeschichtliche Ereignisse in der Geschichte geschehen sind.“[471]

Die Frage, warum Gott Leid für den Menschen zulässt, muss deshalb ersetzt werden durch die Frage Gottes an den Menschen, warum Gott in seinem Sohn sein eigenes Leid zugelassen hat.

SIEHT ALLES GUT AUS

Die Antwort der Bibel auf die Frage, warum Gott Leid und Tod zulässt, ist also das Leid und der Tod Christi am Kreuz. Kreuz und Auferstehung Jesu leiten aber auch den Beginn der „letzten Tage“, der „Endzeit“ ein. Sie nimmt ein Ende, wenn Christus in sichtbarer göttlicher Würde und Macht wiederkommt. Das ist die letzte große Hoffnung der Gläubigen. Bis dahin sind diese „letzten Tage“ „Gnadenzeit“ – die Zeit, in der Gott sein Gericht über die Sünder hinauszögert und dem Menschen Gelegenheit gibt, zu ihm zurückzukommen und gerettet zu werden. Noch gilt, was

---

469 Art und Ausmaß der Versöhnung sowie auch den gesamten Vorgang der Erlösung, der als ein ewiger, göttlicher Plan zur Rettung der verlorenen und in die Irre gegangenen Sünder angesehen werden kann, die durch ihre Rettung zurück in die ewige Gemeinschaft mit Gott gebracht werden.

470 Gott in den Mittelpunkt stellend.

471 Lothar Gassmann: bibel-glaube.de/handbuch_orientierung/Heilsgeschichte.html. Klammer im Original.

Jesus sagte: „Wahrlich, wahrlich, ich sage euch: Wer mein Wort hört und dem glaubt, der mich gesandt hat, der hat ewiges Leben und kommt nicht ins Gericht, sondern er ist vom Tod zum Leben hindurchgedrungen.“[472]

Die „Gnadenzeit“ ist die Zeit für Richtungsänderung, für Umkehr: Weg vom Verlorensein als Sünder, hin zur Rettung durch Gott. Weg vom Zustand des geistlichen Todes, hin zum ewigen Leben. Nicht die Verbesserung der Zustände in der jetzigen Welt ist der Wille Gottes, sondern die Rettung des Sünders in die neue Schöpfung hinein. Diese „letzten Tage“ sind eine Zeit, in der die Menschen das Wesentliche vom Unwesentlichen unterscheiden sollen. Diese Welt ist wie ein untergehendes Schiff. Es ist nicht die Zeit, auf der Speisekarte nach einem Fünf-Gänge-Menü zu schauen. Es ist Zeit, in die Rettungsboote zu steigen. Jetzt geht es darum, durch den Glauben an Christus und durch seine Gnade vor Gott frei von aller Schuld zu werden, errettet zu werden durch das „Bad der Wiedergeburt“ und durch „die Erneuerung des Heiligen Geistes“ Erbe des ewigen Lebens zu werden.[473] Es ist Zeit, sich aus dem Unglauben und aus dieser untergehenden Welt heraus in das Reich Gottes retten zu lassen. Noch gibt der Herr den sündigen Menschen diese Zeit für eine Umkehr: „Der Herr zögert nicht die Verheißung hinaus, wie etliche es für ein Hinauszögern halten, sondern er ist langmütig gegen uns, weil er nicht will, daß jemand verlorengehe, sondern daß jedermann Raum zur Buße habe. Es wird aber der Tag des Herrn kommen wie ein Dieb in der Nacht.“[474]

Bis dahin ist die Verkündigung des Evangeliums „in aller Welt“ der Auftrag Jesu an seine Nachfolger. Die Rettungsbotschaft muss verkündigt und gehört werden. Wird unter dem Wirken des

472 Joh 5,24.

473 Tit 3,5-7.

474 2Petr 3,9-10

Heiligen Geistes darauf mit der Annahme im Glauben reagiert, ist das die Rettung.

Wann das jetzt schon bei den Nachfolgern Jesu in ihren Herzen begonnene Reich Gottes zur Vollendung gebracht wird, weiß nur der Vater. Es kann jederzeit sein. Mit dem zweiten Kommen Jesu wird sich dann alles klären:

» Die bekehrten Verstorbenen werden auferweckt werden. Das ist auch der große Trost der Hinterbliebenen. So kann sich in die Trauer auch Freude mischen, weil der Verstorbene nun seine endgültige Bestimmung erreicht hat: den Frieden mit Gott bei Gott. Er ist „aus dem Tod in das Leben übergegangen".[475] Jesus hat den Tod besiegt. Und die Furcht vor dem Tod – jedenfalls bei denen, die an ihn glauben und ihre Hoffnung auf ihn setzen.

» Diejenigen Gläubigen, die beim zweiten Kommen Jesu noch leben, werden „dem Herrn entgegen" entrückt werden und „bei dem Herrn sein allezeit"[476]. Und beide Gruppen werden schließlich die Gegenwart Gottes erleben, „[...] und sein Name wird auf ihren Stirnen sein. Und es wird dort keine Nacht mehr geben, und sie bedürfen nicht eines Leuchters, noch des Lichtes der Sonne, denn Gott, der Herr, erleuchtet sie; und sie werden herrschen von Ewigkeit zu Ewigkeit."[477]

Für beide Gruppen von Gläubigen ist nun die unheilvolle Menschheitsgeschichte beendet und die Heilsgeschichte vollendet. Das Übel, das Böse und das Leid sind überwunden. Die Erlösten können bei der Aussicht auf das, was sie erwartet, mit den ersten Christen

475 Joh 5,24.
476 1Thes 4,17.
477 Offb 22,4f.

ausrufen: „Maranatha!“[478] – „Unser Herr, komm!“ Schließlich erwartet sie ein ewiges Leben bei Gott, in dem es ihnen nur gut gehen wird. Und das ohne Sonntagsgottesdienste, ohne Pastoren, ohne Predigten, ohne Gemeindemitarbeit, ohne Evangelisation, ohne christliche Bücher. Sogar ohne Glauben. Denn dann wandeln sie im Schauen, nicht mehr im Glauben.[479]

Doch es sieht für Jesusnachfolger auch jetzt, im Leid, nicht trostlos aus: Sie werden entweder durch Abhilfe oder Durchhilfe gestärkt, und sie wissen, dass jedes Leid ein Ende haben wird und dass dann das Eigentliche, das Beste erst beginnt. Man kann also sagen: Es sieht nicht nur nicht trostlos aus, sondern insgesamt sogar sehr gut. Wenn uns das alles bewusst ist, können wir sogar etwas erleben, das für Nicht-Gläubige unbegreiflich ist: Wir können trotz Leid Frieden verspüren. Paulus schreibt der Gemeinde in Philippi: „Sorgt[480] euch um *nichts;* sondern *in allem* laßt durch Gebet und Flehen mit Danksagung eure Anliegen vor Gott kundwerden. Und der Friede Gottes, der allen Verstand übersteigt, wird eure Herzen und eure Gedanken bewahren in Christus Jesus!“[481]

Es ist möglich, auch *im Leid* Frieden zu haben. Es ist möglich – aber nur „im Herrn“. Dort ist der Friede, der nur in Gott zu finden ist. Wir sind in „schwierigen Umständen“ nicht nur in schwierigen Umständen. Wir sind vor allem *in Christus.* Und dort, und nur dort, haben wir alles, was wir brauchen. Immer.

---

478 Vom aramäischen „Maran“ = „Herr“.

479 Mt 5,8; Joh 17,24.

480 Im Sinne von „sorgenvolle Gedanken“ haben. Das heißt, wenn nur die Not und keine Hilfe gesehen wird. Sich nicht sorgen bedeutet dann, die Not vollständig an Gott abzugeben, auf ihn zu schauen und im Vertrauen seine Hilfe zu erwarten.

481 Phil 4,6f. Hervorhebungen vom Autor.

Manfred Martin

Gott macht Sinn

Wichtige Informationen nicht nur für Zweifler

Pb., 192 S., 13,5 x 20,5 cm
Best.-Nr. 273 874
ISBN 978-3-89436-874-6

Informativ, kurzweilig und humorvoll erklärt der Autor, warum es vernünftig ist, an einen Gott zu glauben, und warum die biblischen Aussagen wirklich zuverlässig sind. Ein Buch, das jeder Christ lesen und an einen Nichtchristen weiterverschenken sollte.

Martin Steinbach

Immer diese Angst

Überwinden oder aushalten?

Tb., 128 S., 11 x 18 cm
Best.-Nr. 271 352
ISBN 978-3-89436-352-6

Dieses Buch will helfen, die Entstehung von Ängsten besser zu verstehen und Möglichkeiten kennenzulernen, besser mit ihnen umzugehen. Darüber hinaus geht der Autor der Frage nach, wie durch Aussagen der Bibel und durch Seelsorge die Bewältigung von Angst möglich wird.

Hartmut Jaeger

Warum das alles?

Denkanstöße und persönliche Erfahrungen im Leid

Tb., 64 S., 11 x 18 cm
Best.-Nr. 273 801
ISBN 978-3-89436-801-2

Dieses Buch nimmt Stellung zur Frage nach dem Leid. Es wird deutlich: Wer glaubt, ist besser dran im Leid und gewinnt sogar eine Perspektive über das Leid hinaus. Mit Zeugnissen von Christen, die erzählen, wie sie mit Leid in ihrem Leben umgegangen sind.

Irmgard Grunwald

Auf der Suche nach dem Sinn im Leid

Tb., 192 S., 11 x 18 cm
Best.-Nr. 271 127
ISBN 978-3-86353-127-0

„Warum lässt Gott das zu?“ Diese Frage ist so alt wie die Menschheit und drängt sich immer auf, wenn wir oder andere von Krankheit, Tod oder Nöten getroffen werden. Auf der Suche nach Antworten richtet die Autorin den Blick auf die Bibel und findet eine erstaunliche Perspektive.